**트럼프 시대와
우리의 에너지 안보**

트럼프 시대와
우리의 에너지 안보

초판 1쇄 발행 2025. 5. 14.

지은이 최용혁
펴낸이 김병호
펴낸곳 주식회사 바른북스

편집진행 김재영
디자인 양헌경

등록 2019년 4월 3일 제2019-000040호
주소 서울시 성동구 연무장5길 9-16, 301호 (성수동2가, 블루스톤타워)
대표전화 070-7857-9719 | **경영지원** 02-3409-9719 | **팩스** 070-7610-9820

•바른북스는 여러분의 다양한 아이디어와 원고 투고를 설레는 마음으로 기다리고 있습니다.

이메일 barunbooks21@naver.com | **원고투고** barunbooks21@naver.com
홈페이지 www.barunbooks.com | **공식 블로그** blog.naver.com/barunbooks7
공식 포스트 post.naver.com/barunbooks7 | **페이스북** facebook.com/barunbooks7

ⓒ 최용혁, 2025
ISBN 979-11-7263-368-4 03320

•파본이나 잘못된 책은 구입하신 곳에서 교환해드립니다.
•이 책은 저작권법에 따라 보호를 받는 저작물이므로 무단전재 및 복제를 금지하며,
이 책 내용의 전부 및 일부를 이용하려면 반드시 저작권자와 도서출판 바른북스의 서면동의를 받아야 합니다.

트럼프 시대와
우리의 에너지 안보

The Trump Era and Our Energy Security

| 각자도생 시대의
에너지 패권, 그리고 에너지 전환

최용혁 지음

바른북스

들어가는 말

　에너지란 "물리적인 일을 할 수 있게 하는 능력 그 자체를 말한다"라고 사전에서는 설명한다. 즉 무엇을 하는 힘을 에너지라고 이해하면 된다. 요즘 에너지와 관련된 가장 큰 유행어는 에너지 전환이다. 이는 우리가 사용하는 에너지원이 특정 에너지원에서 다른 에너지원으로 바꾼다는 말이다. 오늘날의 에너지 전환은 현대 문명의 바탕인 화석에너지에서 무탄소 에너지로의 전환이다. 화석연료가 뿜어내는 이산화탄소가 지구의 기후를 망치는 기후위기의 원인으로 밝혀졌기 때문이다. 거리의 전기자동차, 산과 들을 뒤덮은 태양광 패널, 대관령과 제주도에 우주 괴물처럼 서 있는 풍력발전기를 보며 우리가 에너지 전환의 가운데 서 있음을 느낀다.

　제임스 와트가 증기기관을 발명한 이래 현대 문명의 원천은 화석에너지다. 그런데 언젠가부터 인간의 무분별한 화석에너지 남용이 지구의 기후를 바꾼다는 사실을 깨닫기 시작했고, 대안으로 청정에너지로의 변화, 즉 에너지 전환이 시대정신이 됐다. 에너지 전환은 지구의 환경과 인류의 미래를 지키는 선택인 동시에 날로 심각해지는 에너지 공급망 위기를 이기는 방법, 즉 에너지 안보를 세우는 길이기도 하다. 유일 패권국 미국의 자리가 흔들리고 세계질서가 재편되는 이 시점에 세계 각국은 다시 자국중심의 보호주의로 회귀하고 있다. 에너지 안보의 중요성이 다시 커지고 있는 이유이다.

셰일 혁명으로 석유 수출국이 된 미국은 중동에서 발을 뺐다. 패권국 미국의 부재는 세계질서의 혼돈을 불러오고 있으며, 에너지 수입국들은 공급망 확보에 혈안이다. 2024년 11월에 다시 대통령으로 당선된 트럼프의 복귀는 자국중심주의의 상징이다. 미국인들은 미국 정부가 세계의 경찰 자리에서 내려와 자국민의 일자리를 지키고 불법 이민자들을 내쫓고 인플레이션을 잡고 에너지 가격을 낮추라고 요구한다. 트럼프는 MAGA(Make America Great Again)라는 구호로 화답했고 압도적 승리를 거뒀다. 트럼프는 화석에너지 산업에 더 집중하고 미국 중심주의를 더 크게 부르짖고 있다. 적성국 동맹국 가리지 않고 관세를 무기로 경제전쟁을 선언한다. 그는 기후위기와 에너지 전환을 부정한다. 하지만 특정 지역에 편중되지 않고 지구 위의 모두에게 골고루 내리쬐는 햇볕과 불어오는 바람은 기후위기와 에너지 공급망 전쟁에서 살아남는 길이다. 에너지 전환으로 인류의 미래를 구하고 에너지 안보도 세울 수 있다. 재생에너지로의 전환은 시대적 명령이다. 인류는 화석연료에 의존하던 습관을 고치고 깨끗하고 무한한 에너지원을 활용해야 한다. 그렇게 해야만 우리가 꿈꾸는 지속 가능한 발전이 가능하다.

 트럼프와 기후위기가 상충하는 이 시점에, 우선 국제 질서의 변화에 대해 고민해 보겠다. 세계 유일의 초강대국 미국이 왜 세계 전략을 수정하고 있는지, 그리고 미국의 대외정책 변화가 나머지 세계에는 어떤 영향을 주는 것인가를 살펴보고 이에 대한 우리의 대응을 생각해 볼 것이다. 그리고 화석에너지를 비롯한 다양한 에너지의 현재와 미래를 분석해 본 후 에너지 빈국으로 중동의 석유에 크게 의존하고 있는 우리의 대안을 제시할 생각이다. 우리에게는 생명과 같은 에너지 안보를 지키기 위해 어떤 노력을 기울여야 하는지도 고민해 보겠다. 끝으로 급변하는 국제정세 아래에서 우리의 에너지 안보를 든든하게 보장하기 위해서 어떤 선택이 필요한가를 살펴보겠다. 결국, 에너지 안보는 에너지 전환으로 얻어진다. 그 과정은 험난할 것이다. 에너지 전환은 큰 비용과 긴 시간이 걸리는 험난한 여정이다. 그렇지만 그 길은 우리가 피할 수 없고 반드시 가야만 하는 길이다.

목차

들어가는 말

제1장 에너지는 무엇인가

에너지의 개념과 종류	12
화석에너지의 어제와 오늘	14
에너지의 발전과 에너지 혁명	18
석탄과 석유, 산업의 총아에서 시대의 악당으로	23
세일 혁명	32
꺼지지 않는 공포의 불 원자력	35
태양과 바람, 가장 값싼 에너지	45
무한에너지 수력과 지열에너지	55
에너지 전환의 미래	62
에너지 전환, 어디로 가나	68

제2장 에너지 혁명과 에너지 패권의 역사

에너지가 바꾼 세상	74
중동과 석유패권	80
제1차 세계대전과 석유패권	82
에너지 패권 경쟁, 세계대전을 다시 일으키다	86
냉전과 에너지 패권	90
미국 일극 체제와 에너지 패권	93
동맹의 분열	99
우크라이나 전쟁과 에너지 위기	102
혼돈의 세계와 에너지 전환	107

제3장
미국 정치와 에너지

셰일 혁명과 에너지 패권	112
제1기 트럼프의 시대	119
바이든, 과거로의 복귀	123
트럼프의 화려한 부활	126

제4장
우리나라의 에너지

우리나라의 에너지 현황	132
정부 수립 및 경제개발 시기의 에너지 정책	134
세계화, 자유화, 그리고 녹색성장	136
탈원전과 친원전	139
미래의 에너지는 전기로 수렴하나	142
우리나라의 전력산업	146
전력산업구조개편과 미완의 개혁	149
공급망 위기의 시대	152

제5장
트럼프 시대와 에너지 안보

에너지 안보란 무엇인가 158
미중 패권과 우리의 에너지 안보 163
세계 각국의 에너지 안보 전략 166
트럼프 2기 정부의 에너지 정책 171

제6장
우리의 에너지 안보를 위한 제언

트럼프 시대의 국제정세 178
에너지 안보를 위한 정책 대안 184
  1) 에너지 공급망 다변화와 동북아 슈퍼그리드 재추진: 단기와 중기적 시각 • 185
  2) 자원외교와 해외자원개발 적극 추진: 장기 정책의 필요성 • 192
  3) 에너지 효율화 사업과 제도 적극 도입: 에너지 자립정책 • 194
  4) 재생에너지 활성화 • 198
  5) 전력산업 재구조화 • 201
  6) 에너지 관련 법과 제도 정비 • 206
  7) 사회적 합의로 국가 대전략 수립 • 211

맺는말

참고 자료

미주

제1장

에너지는 무엇인가

에너지의
개념과 종류

에너지는 '물체가 일하는 능력'[1]을 뜻한다. 물체란 식물, 동물, 자동차, 비행기 등 지구상의 모든 살아 있거나 움직이는 모든 존재를 말한다. 에너지가 있어야 들판의 나무가 꽃을 피우고 열매를 맺는다. 공원에서 뛰어노는 강아지도 에너지가 충만하다. 거대한 트럭이 컨테이너를 끌고 고속도로를 달리는 것도 엔진의 힘찬 에너지 덕분이다. 우리도 음식물을 통해 섭취한 에너지가 있어야 잠을 잘 수도, 잠에서 깰 수도, 밥을 먹을 수도 있다. 일상을 편리하게 해주는 가전제품들은 전기라는 에너지로부터 힘을 받아서 작동한다. 에너지는 힘의 능력이 오는 종류에 따라 열에너지, 빛에너지, 전기에너지, 화학에너지, 원자력에너지, 역학(위치, 운동)에너지로 구분한다.

에너지는 이렇게 다양한 형태로 존재하지만, 궁극적으로는 물질의 존재와 활동을 가능하게 하는 힘을 뜻한다는 것은, 에너지의 형태가 빛이든, 열이든, 화학적 모습이든 또는 원자력이든 관계없이

에너지는 '힘'을 보관하고 있는 하나의 그릇이기 때문이다. 물리학자들이 밝혀냈듯이 하나의 에너지는 다른 에너지로 전환할 수 있다. 예를 들어 물이 가진 에너지는 가열된 열에너지에 의해 수증기로 변하는데, 이는 물속의 에너지가 수증기의 에너지로 바뀌었다는 것을 말한다. 이 수증기의 에너지가 발전기를 돌려서 마지막으로 전기라는 에너지로 변한다. 사실 그 형태가 식물이든, 동물이든 관계없이 지구상의 모든 존재는 태양에서 온 에너지를 품고 있는 그릇이다. 태양에너지가 각기 다른 모습으로 저장된 것이다.

에너지는 얻는 방법에 따라 1차 에너지와 2차 에너지로 구분된다. 자연에서 채취한 에너지가 1차 에너지로서 석탄과 석유, 천연가스를 생각하면 된다. 1차 에너지를 모두 묶어서 천연자원이라고 부르기도 한다. 1차 에너지를 열이나 힘 에너지로 바꾸면서 산업혁명이 시작됐다. 근육이 아닌 기계가 인간의 생산 활동을 대신하게 된 것이다. 1차 에너지를 다른 형태로 바꾼 것이 2차 에너지인데, 석탄, 석유, 가스 등으로 생산한 전기가 대표적이다.

각 에너지는 에너지를 구성하는 형태에 따라 발휘되는 힘이 다르다. 이는 에너지가 얼마나 알차게 저장됐는가, 즉 그 에너지의 밀도가 다르기 때문이다. 소나 코끼리 근육의 에너지는 사람의 근육이 가진 에너지보다 밀도가 높아서 더 큰 힘을 발휘한다. 수증기를 압축시켜 폭발해서 기계를 돌리는 증기기관은 동물의 근육 에너지보다 밀도가 높다. 인류는 문명을 발전시키며 에너지의 밀도, 즉 힘의 집적도를 계속 높여왔다.

화석에너지의
어제와 오늘

 원시시대의 인류는 자신보다 훨씬 큰 힘을 가진 맹수에게 처음에는 무방비로 당했다. 그때는 그냥 도망치는 것이 현명했기에 빨리 달리기 위한 다리에서 나오는 힘이 제일 중요했다. 그러다 지능이 발달하면서 도구를 사용하고 불을 지피면서 맹수에 대항하기 시작했다. 그리고 각자의 에너지를 한데 모아서 떼를 지어 맹수에게 반격했고 마침내 지구상의 모든 동물을 지배하는 위치에 올라섰다. 에너지를 모아서, 밀도를 높여서 환경을 지배한 것이다.

 에너지 발전 역사에서 가장 획기적인 사건이 산업혁명이다. 근육과 자연의 힘에 의존하지 않고 기계를 사용하게 됨으로써 진정으로 인류는 지구상의 지배자로 우뚝 섰다. 제임스 하그리브스는 탄광에서 석탄을 효율적으로 생산하기 위해 고민했고, 제니방적기를 발명했다. 제임스 와트는 석탄 수송 효율을 높이기 위해 증기기관차를 고안했다. 이전까지 석탄은 밤을 밝히는 빛에너지의 역할만을 했지만, 증기기관은 석탄을 힘 에너지로 바꿈으로써 기계문명의 시대를 열었다. 산업혁명으로 인류는 사람과 동물의 근육, 그리고 바람과 같은 자연의 힘이 아닌 기계문명의 시대를 열었다. 어느 시점에 석탄보다 사용이 더 편리한 석유가 화석연료의 주인공으로 등장했다. 화석에너지는 에너지원에 따라 석탄처럼 고르게 분포된 자원도 있지만, 석유처럼 특정 지역에 집중된 자원도 있다. 주요 산출 지역은 미국, 러시아, 캐나다, 중국, 중동, 베네수엘라, 북유럽의 북해 인근, 동남아시아, 아프리카 등이다.

 석유와 가스는 매장이 특정 지역에 편중됨에 따라 공급의 지정학적 위험이 크다. 통계에 따르면 전 세계 석유매장량은 약 1조 7천억 배럴인데 이 가운데 절반 가까이가 중동에 몰려 있다. 중동 가운데에서도 사우디아라비아, 이란, 이라크, 쿠웨이트, 아랍에미리트 등 국가들이 석유 대부분을 가지고 있다. 중동 다음으로는 중남미, 구소련 지역과 아프리카도 석유 부국들인데, 러시아가 대표적인 비중동 산유국이다. 아프리카에서는 리비아와 나이지리아에서 많은 석유가 생산된다. 캐나다와 미국을 포함한 북미 지역도 석유가 많이 매장된 곳인데, 특히 셰일층의 석유와 가스를 생산하게 됨에 따라 미국의 매장량과 생산량이 크게 늘었다.

 석유가 몰린 지역은 축복과 저주를 동시에 받았다. 중동은 세계의 화약고이며, 나이지리아는 세계적인 석유 수출국이지만 부패한 지배 세력이 외국자본과 결탁해서 석유를 수출한 돈을 국외로 빼돌리며 자신들의 주머니를 채우는 바람에 대다수 국민은 석유의 혜택을 받지도 못하며 빈곤에 시달린다. 주요 석유 생산국들이

지정학적 불안을 안고 있어서 석유공급의 불안도 그만큼 높다. 러시아와 우크라이나 전쟁으로 인한 서방의 러시아 경제 제재로 러시아의 석유 수출량이 줄어들면서 국제유가가 폭등했다. 반대로 노르웨이는 석유를 팔아서 번 돈을 국내로 반입하지 않고 국가 펀드로 묶어서 해외에 투자하면서 국가의 부를 축적하는 현명함을 보인다. 베네수엘라는 미국의 턱밑에서 미국에 반하는 사회주의 노선을 지향하는 바람에 미국의 경제 제재를 당하면서 석유를 제값 받고 팔지도 못하며 고통받고 있다.

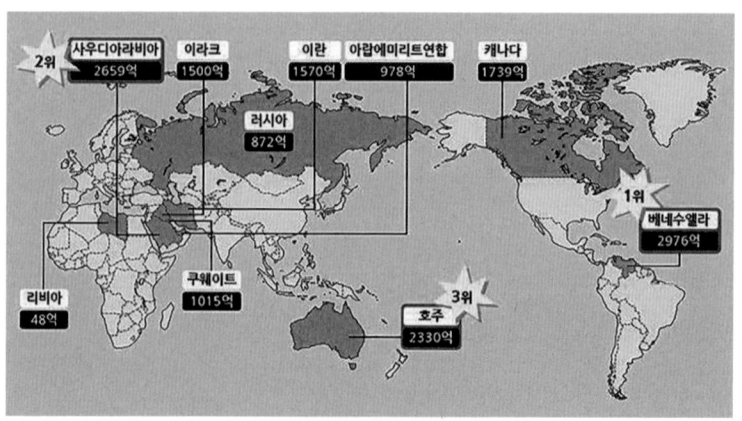

세계의 주요 석유 매장지
출처: 에뉴넷 티 클리어

석유 못지않게 중요한 화석에너지가 천연가스다. 천연가스는 파이프라인을 통해 수요지로 공급하는데, 우리나라처럼 생산지에서 멀리 떨어진 곳으로는 초저온으로 냉각 액화시킨 LNG(Liquefied Natural Gas)로 변환해서 배로 운송한다. 석탄이나 석유보다 상대적으로 탄소 배출이 적기는 하지만, 여전히 이산화탄소와 메탄을 배출하기 때문에 화석연료에서 청정 신재생에너지로 전환하는 과정의 중간에 과도기적으로 활용이 많아지는 중간 연료(Bridge Energy) 역할을 한다. 천연가스는 이란, 러시아, 카타르, 투르크메니스탄, 미국, 사우디아라비아, 베네수엘라 등의 순서로 생산량이 많다.

  천연가스는 가스 상태이기 때문에 장거리 수송에 어려움이 많다. 파이프라인을 통해 수송하지만, 일정한 거리마다 압력을 유지해 주는 장치가 필요하며 먼 거리까지 파이프라인 건설이 어렵다. 이에 반해서 천연가스를 초저온으로 냉각해서 액화된 LNG는 운반선에 싣고 지구상 어디까지라도 수송할 수 있으므로 활용도가 높다. 주요 LNG 수출국은 카타르, 호주, 말레이시아, 나이지리아, 인도네시아 순서이며, 수입국들은 일본, 중국, 한국, 인도 등이다. 중국은 자국 내에도 많은 천연가스가 있지만, 사용량이 국내 생산량을 넘어서기에 중동으로부터 많은 양의 LNG를 수입하기도 한다.

에너지의 발전과
에너지 혁명

　인류는 시대별로 에너지원을 바꾸면서 문명을 발전시켜 왔다. 동물이나 인간의 근육보다는 바람이나 물과 같은 자연의 힘을 에너지로 하는 것이 훨씬 효과적이었고 나무를 태워서 얻는 열량보다 석탄을 태울 때 나오는 열량이 더 높았으며, 석탄보다는 석유가 운반이나 보관이 더 쉬웠다. 수증기를 고온고압으로 압축해서 발전기를 돌릴 수 있게 됨으로써 가장 편리한 전기에너지를 손에 얻었다. 전기는 에너지의 지역 한계를 넘어서게 했다. 석탄과 석유는 이를 연소하는 곳에서만 사용할 수 있는 에너지원이지만, 전기는 생산한 곳에서 멀리 떨어진 곳으로도 수송이 가능한 에너지이다. 전기의 등장은 에너지 사용은 많은 부분을 혁신했다. 이것이 인류의 진보이다. 석탄에서 석유로, 석유에서 전기로 이미 우리는 여러 차례 에너지 전환을 경험했다. 돌이 부족해서 석기시대가 끝난 것이 아니라는 우스개처럼 석탄과 석유가 없어서 대안을 찾는 것이 아니다. 가장 유용한 화석에너지를 지구라는 생태계가 더는 수용하지 못하기 때문에 새로운 길을 찾는 것이다.

  에너지 전환은 에너지 자립과도 관계가 있다. 우리나라는 현재 97%에 달하는 에너지를 수입하는데, 수입하는 에너지는 화석에너지이다. 석탄, 석유, 천연가스(LNG)를 수입해서 전기를 만들고 비료를 만들고 생활에 필요한 각종 물질을 제조하며 난방도 한다. 우리가 수입하는 화석에너지의 많은 부분은 전력 생산, 수송, 각종 화학공업, 철강산업 등에 없어서는 안 되는 존재들이다. 문제는 화석에너지 대부분을 수입함에 따라 항상 국제에너지 가격의 변동에 신경을 써야 한다는 점이다. 화석에너지 자원 빈국의 입장에서 만약 자연에서 직접 얻을 수 있는 천연에너지원을 많이 활용할 수 있으면 에너지 자립에 한발 다가서게 된다. 우리에게 에너지 전환은 '공급이 불안정하고 더러운 화석연료'에서 '무한하고 깨끗한 천연에너지'로의 전환을 뜻한다. 즉, 에너지 공급의 안정성과 친환경 에너지라는 두 마리 토끼를 한꺼번에 잡게 된다.

  햇볕과 바람과 파도는 누구나 공평하게 나눠 쓸 수 있는 자연의 선물이다. 물론 지역에 따라 일사량과 바람의 양, 그리고 파도의 세기는 차이가 난다. 그렇지만 석유를 비롯한 화석에너지와 비교할 때 훨씬 더 보편적인 에너지원이다. 이를 활용할 기술과 의지의 문제이다. 재생에너지가 화석에너지를 대체하게 되면 지구상의 정치와 경제구조를 근본적으로 바꿀 수도 있다.

  과거 주기적으로 석유파동이 벌어질 때마다 고통을 겪어온 우리나라는 에너지 안보와 에너지 자립을 중요 국가 정책의 목표로 설정했다. 세계적인 에너지 전환을 우리가 빨리 실현해 나가면 이것이 가능하다. 하지만 현실적으로 에너지 전환이 쉽지는 않다. 우선 국토가 좁고 햇볕의 양과 바람의 세기가 충분하지 않다. 화석에너지 자원도 빈약한 우리에게는 천연에너지 자원도 부족하기에 남들보다 더 큰 노력이 필요하다.

1956년 미국의 지질학자 킹 허버트가 처음 세계의 석유는 언젠가 고갈될 날이 올 것이라는 전망을 했고, 사람들은 장차 머지않은 미래의 석유 고갈을 걱정하기 시작했다. 미국 국내의 석유 생산량이 절정에 이른 1970년대 초반이 되자 석유가 고갈된다는 피크오일 이론은 널리 퍼져나갔다. 그러나 인공위성을 이용하는 석유탐사 기술이 도입되고 탐사와 시추 기술이 발전함에 따라 이전에는 몰랐던 지역에서 새로운 유전이 발견되는 일이 늘어나고, 기존 유전에서도 더 많은 석유를 찾아냄에 따라 피크오일 이론은 점차 퇴색됐다.

수입 에너지 의존이 큰 유럽 국가들이 에너지 전환에 가장 적극적이다. 북해의 풍부한 풍력 자원을 안고 있는 덴마크는 과거 1970년대까지 전체 전기의 90%를 화력발전소에서 생산했다. 하지만 덴마크는 두 차례의 석유파동과 이에 따른 급격한 발전단가 인상을 경험하면서 에너지 전환을 시작했다. 덴마크는 풍부한 풍력과 태양광 자원 활용을 결심했고, 2022년 기준으로 재생에너지가 전체 전력 생산에 차지하는 비중을 40%까지 끌어올렸고, 2030년에는 이 비율을 55%까지 높일 계획이다.

유럽 최고 수준의 일조량을 갖춘 스페인은 태양광과 풍력발전에 집중투자 했다. 2022년 기준으로 전체 에너지 설비에서 태양광 발전설비가 차지하는 비중은 약 25%인데, 스페인 정부는 2030년까지 태양광과 풍력이 전체 에너지 생산의 70%가 되도록 끌어올리겠다고 한다. 스페인의 재생에너지 규모는 세계 7위권이다. 석탄발전소에 의존하던 스페인이 본격적으로 나라 안의 풍부한 태양광과 풍력을 이용하기로 하게 된 계기 역시 전 세계를 뒤흔든 석유파동 때문이었다. 에너지 안보를 위해 에너지 전환을 실천했다. 북해의 풍부한 가스로 전기를 생산하던 영국은 이제 북해의 바람을 활용해서 더 깨끗한 전기를 쓰고 있다. 영국 풍력산업 단체인 리뉴어블유케이(Renewable UK)가 2023년에 발표한 자료에 따르면, 영국의 2023년도 풍력발전 규모는 98기가와트(GW)로, 세계에서 가장 많이 풍력발전기를 돌리는 중국에 이어 세계 2위이다.

세계에서 가장 많은 온실가스를 배출하는 '기후 악당' 중국은 이런 오명에서 벗어나기 위해 과감하게 재생에너지 확보에 나섰고, 2045년쯤에는 전체 에너지의 절반 이상을 재생에너지로 채우겠다고 한다. 중국은 2023년 한 해에만 150기가와트(GW)에 달하는 태양광 설비를 새로 건설함에 따라 전체 태양광 발전설비 규모는 약 500GW이다. 이는 전 세계 태양광 발전설비의 40%에 육박하는 규모로, 세계에서 가장 많은 태양광 발전설비를 가진 나라이다. 하지만 에너지 먹는 하마라는 소리를 듣는 세계의 중국은 아직 전체 전력 생산의 60% 이상을 석탄에 의존하고 있으며, 신규 석탄과 원자력발전소를 계속 건설하고 있다. 이는 중국 재생에너지 설비의 상당 부분이 중국의 서부 내륙 지방에 몰려 있는데 반면 전기를 많이 사용하는 지역은 동쪽 해안에 자리하고 있는 구조적 문제 때문이다. 중국 내부의 동서를 연결하는 전력망이 부족하기에 늘어나는 전력수요 감당을 위해 석탄과 원자력발전소를 인구가 몰려 있는 동부 해안 지역에 계속 건설하고 있다. 중국 정부는 발전설비 건설은 물론 세계 최고 수준의 초고압직류송전(HVDC)[2] 기술을 동원해서 서쪽의 재생에너지와 동쪽의 대도시를 연결하는 대규모 프로젝트를 추진하고 있다.

석탄과 석유, 산업의 총아에서 시대의 악당으로

프로메테우스가 인간에게 불을 쥐어줌으로써 인간은 자연을 지배하는 첫걸음을 뗐다. 화산폭발이나 삼림의 자연발화에서 시작된 불은 동물들에게 공포와 동경의 대상이었다. 이 불을 손으로 움켜쥔 것은 직립보행이 가능했던 사람뿐이었다. 우리 조상은 나무에 붙은 불을 손에 쥐고 휘두름으로써 맹수들을 쫓아냈고 밤을 밝혔다. 그리고 어느 순간 스스로 불을 만드는 방법을 터득했고, 이는 에너지 혁명의 시작이었다. 불타는 돌, 석탄의 발견은 또 하나의 에너지 혁명이었다. 나무보다 에너지 밀도가 높은 석탄을 사용하게 되면서 인류의 에너지 사용은 한 단계 진보했다. 화력 좋은 석탄을 때면서 구리와 철을 녹일 수 있어서 철기 문명을 탄생시켰다. 석탄은 식물에 축적된 태양에너지의 변형이었다. 모든 에너지가 태양에서 나왔듯이.

토마스 뉴커먼과 제임스 와트가 각각 발명하고 개량한 증기기관 역시 석탄이 있어서 가능했다. 기계문명의 탄생도 석탄 덕분이었다. 수공업은 기계공업으로 바뀌었고 대양을 누비는 기선은 바람의 방향과 관계없이 항해하게 됐다. 증기기관차는 공간의 제약을 없애고 산업 발전을 촉진했다. 그 모든 과정에 석탄이 있었다. 대형 화력발전소를 탄생시켰고 모든 산업의 기초로 활약했다. 하지만 석탄은 대기오염의 주범으로 몰리면서 태양광과 풍력과 같은 재생에너지에 쫓겨서 역사의 뒤안길로 내몰리고 있다. 석탄을 연소하는 과정에서 발생하는 질소산화물과 황산화물이 지구온난화를 일으키기 때문이다.

석탄은 채굴과 수송 과정에서도 수은, 비소, 크롬, 니켈, 카드뮴 등의 중금속과 대기오염물질을 배출한다. 땅속에서 석탄을 채굴하는 광부들은 폐질환을 비롯한 각종 질병에 시달린다. 석탄을 태울 때 나오는 이산화황, 이산화질소, 그리고 미세먼지는 대기를 오염시켜 우리의 심혈관계 및 호흡기에 치명적인 영향을 준다. 세계적으로 매년 약 80만 명이 석탄이 연소하면서 내뿜는 연기 때문에 사망한다는 보고서도 있다. 석탄이 내뿜는 이런 오염물질과 이에 따른 사회적 비용까지 합치면 석탄은 결코 저렴하고 가장 안정적인 자원이 아니다.

채굴이 손쉽고 값싼 갈탄을 많이 보유한 독일은 2038년까지 완전한 탈석탄을 선언했다. 벨기에는 지난 2016년에 벌써 탈석탄을 완료했으며 아일랜드와 이탈리아는 2025년까지 운영 중인 모든 석탄발전소 가동중단을 약속했다. 석탄 강국 영국은 지난 1990년대 초반부터 노후 석탄발전소를 가스발전소로 대체해 왔으며

2025년에는 모든 석탄발전소가 사라질 예정이다. 하지만 세계 6위권의 석탄 생산 및 소비국인 남아프리카공화국은 석탄산업이 이 나라의 가장 중요한 기간산업이라서 급격한 탈석탄이 어려울 수밖에 없다. 그러나 이 나라에서도 석탄 수요는 점진적으로 줄고 있다.[3] 물론 남아공의 전력산업은 아직도 석탄에 크게 의존하고 있기는 하다.

세계 최대 석탄 소비국 중국의 석탄발전 비중은 2023년 기준으로 약 60%를 조금 넘는다. 한때 60% 아래로 석탄발전의 비중이 떨어지기는 했지만, 2022년 이후 코로나 팬데믹이 진정됨에 따라 전력수요가 다시 늘어나면서 석탄 의존도가 조금 커졌다. 중국은 지역별로 석탄 규제의 정도가 다르다고 한다. 특히 황하강 이북 지역에서는 상대적으로 석탄 소비가 많았는데, 그 결과 이 지역 주민들의 수명이 다른 지역에 비해 5년이나 짧다는 연구 결과가 있었다.[4] 여론은 들끓었고, 중국 정부의 태도도 변했다. 매년 봄철마다 중국발 미세먼지의 피해를 보는 한국 등 주변국들의 불만을 마냥 무시할 수도 없었다. 그 결과 2013년에 대기오염방지법을 제정하고 석탄발전소를 줄이고 이를 천연가스를 비롯한 상대적으로 청정한 에너지원으로 바꾸는 노력을 국가적으로 기울였다. 2018년이 되자 북경 지역의 대기오염도는 2013년의 $89.5 \mu g/m^3$에서 $58 \mu g/m^3$로 약 35% 정도 감소하는 효과를 거두었다.[5]

세계 2위 석탄 소비국 미국의 2019년 석탄 생산량은 약 706MMst(Millions of Short Tons)였는데, 이는 1년 전인 2018년의

756MMst보다 무려 7%가 낮아진 결과였다.[6] 미국 환경청(US EPA)이 설정한 수은과 대기 배출 물질 제한 기준이 적용되면서 석탄발전소 운영 조건이 매우 까다로워진 것이 가장 큰 이유였다. 석탄의 주요 생산지인 미국 북동부 지방에는 석탄화력발전소가 많이 몰려 있는데, 이 지역에서부터 석탄발전소 퇴출 움직임이 벌어지기 시작했다.[7] 연방정부의 환경규제[8]가 강화됨에 따라 이런 설비를 계속 가지고 있는 것 자체가 발전회사에는 큰 부담이 됐기 때문에 발전회사들은 상대적으로 건설과 운영비용이 작게 드는 태양광과 풍력으로 눈길을 돌렸다.

우연히 석유를 발견한 변호사 조지 비셀, 비셀의 요청으로 원유 정제 기술을 개발한 화학자 밴저먼 실리먼, 그리고 뚝심으로 유정 개발을 밀어붙인 에드윈 드레이크, 이 세 사람은 석유산업을 시작한 어벤저스라고 불러도 될 것이다. 세 사람의 합작으로 펜실베이니아 오일 크리크에서 처음으로 석유가 생산된 1859년 8월 27일을 역사는 이렇게 기록하고 있다.

"이날은 미국 아니 세계에서 석유산업이 탄생한 날이다. 메인주에서 캘리포니아주에 이르기까지 석유는 우리들의 주택에 등불을 켜게 했고, 기계의 윤활유가 되었으며, 기술·제조·가정생활 등 온갖 분야에 필수 불가결한 물건으로 등장했다. 만약 석유가 지금 없어져 버린다면 우리 문명 전체의 흐름을 역행시키는 결과가 될 것이다"

조지 비셀 벤저민 실리먼 에드윈 드레이크
출처: 아틀라스뉴스(http://www.atlasnews.co.kr)

 석유는 현대 문명의 뼈대이다. 우리가 입는 옷부터 자동차의 연료, 그리고 첨단 화학제품 모두가 석유에서 나온다. 20세기를 지나며 인류는 석유 없는 날을 단 하루도 보내지 않고 있다. 현대 문명은 곧 석유 문명이다. 화학공업의 가장 중요한 기초 원료인 석유는 세계 경제성장의 핵심 요소임에 따라 경제 규모가 큰 선진국일수록 석유 의존도가 높았다. 우리나라는 1964년에 국내 석유정제가 시작된 이후 급증하는 에너지 수요 증가의 대부분을 석유로 충당함으로써, 1979년 제2차 오일쇼크 직전까지 연평균 25%의 높은 석유 수요 증가세를 보였다.[9]
 석유를 둘러싼 가장 큰 문제는 석탄과 달리 석유는 지역별로 고르게 매장되지 않고 특정 지역에 몰려 있다는 것이다. 그리고 매장지의 특성에 따라 지역별 원유의 질에도 차이가 크고, 생산 비용도 천차만별이다. 가장 질이 좋고 생산이 편리한 곳이 바로 지구의 화약고라고 불리는 중동지방이다. 석유 생산이 본격화되기 시작한 1940년대부터 1980년대 사이에 발견된 유전의 규모는 보통 100억 배럴이 넘는 곳이 많았다. 유전이 가장 많이 몰려 있는 중동에서도 매장량이 제일 많은 사우디아라비아의 가와르 유전의 크기는 750억 배럴이나 됐다. 하지만 이런 오래된 유전들이 조금씩 말라가고 이후 새로 발견되는 유전은 과거보다 숫자도 적고 매장량 역시 상대적으로 적다. 이제는 30억 배럴 규모만 돼도 대형 유전 취급을 받는다.

세계의 대형 유전의 상당 부분은 국가 소유의 국영기업이 가지고 있다. 사우디아라비아 사우디아람코, 러시아 로즈네프트와 가즈프롬, 중국 석유천연가스공사(CNPC), 브라질 페트로브라스, 말레이시아 페트로나스 등의 대형 국영 석유기업들이 보유하고 있는 석유와 가스의 매장량이 전체 매장량의 90%에 육박한다. 엑슨모빌, 브리티시 페트롤리엄(BP), 쉐브론, 토탈 등 민간기업은 나머지 10% 정도의 유전만 차지하고 있다.

현대 문명을 떠받치는 석유는 우리에게 꼭 필요한 물질이다. 화학공업을 비롯한 다양한 분야에서 석유는 가장 중요한 존재이며, 운송과 전력 생산에서도 아직 큰 역할을 한다. 하지만 기후위기를 대비하는 시대를 맞아서, 이제 석유 의존도를 줄여야 한다. 석유 없이 우리의 문명을 유지할 방법을 찾아야 한다. 그러나 아직도 전체적인 석유 소비량은 늘고 있다. 1983년 세계 석유 일일 소비량은 5,800만 배럴이었는데 2022년에는 1억 배럴을 넘겼다. 세계 최대 석유 소비국인 미국은 1천9백만 배럴을 소비한다. 2위는 중국으로 하루에 약 1천5백만 배럴을 소비하고 3위는 가장 빠른 소비 증가를 기록하는 인도로 하루에 540만 배럴을 사용한다.

코로나 팬데믹 시기에는 세계적으로 석유 사용량 증가세가 주춤했지만 이후 다시 사용량이 늘고 있다. 인도, 인도네시아, 태국, 멕시코 등 신흥 개발국들의 석유 소비량은 늘어나는데 반면 유럽을 비롯한 선진국의 석유 소비는 정체 상태에 머물거나 줄어들고 있다. 석유 소비량 증가세가 주춤한 나라들로는 미국, 독일, 일본 등을 꼽을 수 있다. 특이하게도 중국과 대만의 최근 3년 사이 석유 소비량은 같이 줄어들고 있다. 중국의 경우 코로나19 억제 과정에서 중국 내 산업활동이 크게 위축되면서 석유 소비가 크게 줄었다. 경기 둔화와 함께 전기자동차 보급이 빠르게 늘어나며 중국의 석유 수요가 최근 감소세하고 있다는 것이다. 국제에너지기구(IEA)의 2024년 보고서에 따르면, 중국의 석유 수요가 2024년 7월에만 하루 28만 배럴 감소하며 4개월 연속 감소세를 기록했다고 밝혔다.[10)]

선진국들의 석유 수요 증가가 정체하거나 감소하는 가장 큰 이유는 운송 부문의 석유 사용량 감소 때문이다. 전기자동차로의 전환이 가장 큰 이유로 보인다. 1970년대의 오일쇼크 이후 자동차 제조업체들은 차체 무게를 줄이고 엔진 성능을 높이며 연비 향상을 위해 치열한 경쟁을 벌였다. 하이브리드 자동차, 전기자동차,

수소자동차 등 석유에 크게 또는 아예 의존하지 않는 신개념 자동차들이 등장함으로써 석유 수요는 줄어들었다. 하이브리드 자동차의 대표적 선두 주자였던 토요타 프리우스를 시작으로 거의 모든 자동차 생산업체들은 하이브리드 자동차를 생산한다. 하이브리드 자동차는 휘발유 차량 대비 30~50% 에너지 효율이 높다.

유럽의 전기자동차 보급 속도는 세계에서 가장 빠른 속도로 늘고 있다. 유럽연합(EU)은 오는 2035년부터는 내연기관 자동차를 새로 생산하거나 판매하는 것을 금지하는 조치를 하겠다고 했다. 2023년 초의 제27차 기후변화당사국총회(COP27)를 앞두고 유럽의회에서 내린 이 결정에 따라 2035년부터는 내연기관을 장착한 신차는 유럽연합 역내에서는 판매가 금지될 예정이다.

여기에서 한 가지 우려되는 상황은, 우리나라는 전체 가구의 절반 이상, 그리고 도시 가구는 70% 정도가 아파트 등 공동주택에 거주한다는 사실이다. 이는 전기자동차 충전에 결정적 장애가 될 수도 있다. 충분한 전기차 주차 및 충전 공간 확보와 공동주택의 전력 공급량 등의 한계가 분명히 존재하기 때문이다. 따라서 전기자동차 충전 사업을 민간기업에만 맡기지 말고 정부 주도의 공익사업으로 계획성 있게 추진해 나가는 등 충전설비 확충에 노력을 기울여야 할 것이다. 최근 SK, GS 등 대형 정유사업자들이 전기자동차 충전과 기존 내연자동차 급유를 동시에 할 수 있는 에너지 스테이션 사업을 추진하고 있고, 서울시를 비롯한 지자체들이 전기자동차 충전용 전용 주차빌딩 건립을 계획한다고 하는데, 이런 적극적인 충전소 확충 방안을 빨리 모색해야 할 것이다.

　최근 세계적으로 늘어나는 자동차 공유 시스템 역시 자동차 증가 속도를 둔화시키는 이유 중의 하나이다. 앞서 설명한 공유 자전거와 마찬가지로 공유 자동차는 자동차를 소유함으로써 발생하는 불필요한 비용을 줄이고 필요할 때만 자유롭게 자동차를 이용할 수 있는 장점이 있기에 빠르게 확산하고 있다. 국내 공유 자동차 이용자는 2015년 200만 명이었지만 2018년 640만 명으로 늘었고, 반대로 2019년 상반기 자동차 판매량은 전년 같은 기간 대비 4.3% 감소했다.[11] 공유 문화의 확산은 자동차 판매 감소로 이어지고 이는 석유감소로도 이어진다. 석유가 발전소나 자동차의 연료로만 쓰이는 것은 아니고 많은 화학제품의 재료로 사용되며 현대 생활에 없어서는 안 되는 존재이기는 하다. 하지만 에너지 전환의 시대에 석유는 화석에너지의 제왕에서 한 발 내려와 좀 더 겸손한 자리에 앉게 될 것이다.

│ 셰일 혁명

 미국은 석유 강국이었지만 오일쇼크 이후 중동으로 그 패권 자리를 내놓았다. 그런데 최근 20년 사이의 미국의 셰일가스 생산 확대는 '셰일 혁명'이라는 말을 만들어 낼 정도로 혁명적 변화를 불러왔다. 기술적으로 채굴이 어려웠던 셰일층[12]을 수압파쇄(Fracking)[13]라는 새로운 기술을 동원해서 돌파하게 됨으로써 막대한 석유와 가스를 생산해 낸 셰일 혁명은 미국의 대외정책에도 큰 영향을 줄 정도로 혁명적인 사건이었다. 셰일 산업에 뛰어든 기업들은 메이저 석유회사가 아니었는데도 2013년에는 하루 생산량이 1천만 배럴에 이를 정도로 혁명적으로 석유를 뿜어 올렸다. 이는 전통적 산유 왕국 사우디아라비아와 석유 전쟁을 불러일으켰다.
 석유를 둘러싼 경쟁은 복잡한 역사를 통해 펼쳐져 왔다. 1970년대 두 차례의 석유파동 이후 미국과 사우디의 밀월 관계는 깊어졌는데, 가장 큰 사건은 1974년 미국과 사우디는 석유를 미국 달러로만 거래하기로 합의한 일이었다. 즉, 사우디는 석유 수출 대금을 미국 달러로만 받기로 선언했고, 이에 대한 반대급부로 미국은 사우디 왕가의 안전을 보장하겠다고 약속한 것이었다. 자본주의 종주국 미국과 와하비즘[14]의 원조 사우디의 어울리지 않는 합의는 최근까지 이어진 중동의 국제정세의 흐름에 큰 작용을 했다. 이를 통해 미국 달러는 기축통화로서 입지를 구축했고 사우디는 중동의 석유패권을 잡았다. 하지만 이런 밀월 관계의 미국과 사우디 관계에서 최근 몇 년 사이에 균열이 생기는 한편, 사우디와 중국, 그리고 이란의 협력 관계 생성은 향후 국제정세에 중요한 메시지를 줄 것으로 보인다.

미국과 사우디아라비아의 밀월 관계를 통해 국제유가는 안정적인 수준을 유지했다. 저유가 정책으로 미국은 또 다른 석유 수출국 소련을 경제적으로 압박했고, 결과적으로 소련의 붕괴를 불러왔기에 미국-사우디 밀약은 미국으로서는 성공이었다. 하지만 장기적인 저유가에 따라 사우디는 막대한 손실을 안게 됐고, 설상가상으로 2008년의 국제금융위기로 석유 수요가 급락하면서 산유국들은 다시 큰 피해를 보게 됐다.

미국이 셰일가스를 개발하기 시작한 이유는 중동의 의존도에서 벗어나고자 하는 생각에서 나온 것이 아니었다. 항상 변화를 추구하는 미국식 혁신의 결과였다. 하지만 미국 기업들이 셰일가스 대량생산에 성공하자 석유패권 위협을 느낀 OPEC은 2014년 하반기부터 미 셰일오일 업체를 상대로 '전쟁'에 나섰다. OPEC의 생산 단가가 미국 셰일오일 생산 단가보다 낮은 점을 이용, 공급량을 대폭 늘림으로써 미국 셰일가스 업계를 말려 죽일 생각이었다. 마침 중국의 석유 수요까지 줄면서 유가 하락으로 상당수의 미국 셰일오일 생산업체가 도산했다. 그러나 이와 같은 사우디의 공격에서 살아남은 미국 셰일업체들은 이 과정에서 생산성을 높이게 됐고, 국제유가가 배럴당 40달러로 떨어져도 수익을 낼 수 있을 정도가 됐다. 이후 2017년이 되자 미국의 셰일 업계는 활발하게 석유 생산량을 늘렸고, 그 결과 미국은 중동산 석유에 의존할 필요가 없는 석유 수출국의 위치를 되찾아 왔다. 미국의 석유패권 회복은 향후 국제정세 판도를 뒤흔들 결정적 사건으로 기록될 것이다.

꺼지지 않는
공포의 불 원자력

　영국 물리학자 어니스트 러더퍼드가 1902년에 우라늄 방사선 연구 중 방사능물질 내부 원소의 자연붕괴 현상을 우연히 발견했고, 1932년 영국 물리학자 제임스 채드윅은 원자 속에서 발견한 중성자가 핵분열을 일으킨다는 사실을 알아냈으며, 1938년에는 독일 화학자 오토 한과 프리드리히 빌헬름 슈트라스만이 핵분열로 정의된 우라늄의 원소 붕괴 현상을 발견했다. 그리고 1942년 이탈리아에서 미국으로 망명한 엔리코 페르미는 세계 최초의 핵반응로 시카고파일 1호를 개발함으로써 핵분열 실현에 성공했다. 미국 정부는 제2차 세계대전을 빨리 끝내기 위해 핵분열을 이용한 무기, 즉 원자폭탄 연구를 위해 맨해튼 프로젝트를 가공했고, 동시에 원자폭탄을 연구했던 독일보다 한발 앞서 원자폭탄 제조에 성공했다. 원자력에너지의 등장이었다.

　미래의 핵무기 경쟁 시대를 두려워했던 드와이트 아이젠하워 당시 미국 대통령은 1953년 12월 8일, 뉴욕에서 열린 UN 총회에서

'평화를 위한 원자력(Atoms for Peace)'이라는 제목으로 인류가 원자력을 평화롭게 사용하자고 역설했다. 이 연설 이후 국제원자력기구 IAEA가 설립되는 등 원자력을 평화적으로 사용하기 위한 노력이 본격적으로 시작됐지만, 현재 핵무기를 보유한 국가는 모두 9개 나라이며, 이들이 가지고 있는 핵탄두를 모두 합치면 12,100여 기라고 한다. 핵확산금지조약(NPT)에 가입한 미국이 약 5,250기로 가장 많은 핵폭탄을 가지고 있고, 러시아 약 4,380기, 프랑스 300기, 중국 300기, 영국 225기 등이다. 이는 공개되고 검증된 숫자이지만, 이스라엘 300기, 인도 200기, 파키스탄 130기, 북한 100기 등 NPT 미가입 국가들도 다량의 핵무기를 가지고 있다.

1970년대 두 차례 석유 위기를 겪으면서 세계는 깨끗하며 경제적인 원자력에너지를 구세주로 받아들였다. 우리나라 역시 1970년대 말 고리원자력발전소를 시작으로 현재 총 26기의 원자력발전소를 세우고 가동하면서 우리나라는 세계 그 어떤 나라들이 경험하지 못한 급속한 중공업 위주의 산업화에 성공했다. 전체 전력 공급의 40%를 넘게 담당하던 원자력 발전 덕분에 대한민국은 불과 20여 년이라는 짧은 시간 안에 전 국토에 사람이 사는 곳이라면 전부 전기를 공급하게 된 보기 드문 성공 사례를 기록했다.[15]

평화적 원자력 사용을 위해 미국은 원자력 기술을 공개했고, 농축우라늄 독점을 노린 미국의 제너럴일렉트릭(General Electric)사와 웨스팅하우스(Westing House)사가 원자력을 전력 생산에 활용하기로 하면서 미국형 가압경수로(Pressurized Water Reactor,

PWR)[16]를 개발해 전 세계로 수출했다. 원자력 발전업계는 원전의 가장 큰 장점을 다른 화석연료에 비해 월등히 싼 발전단가를 내세웠다. 일반적으로 우라늄 1g은 석탄 3톤에 해당하는 열량을 발산하므로, 석탄발전소의 단가와는 비교할 수 없이 낮은 비용으로 전기를 생산하게 된 것이다.

미국이 세계 최초의 실험용 원자로 EBR-1를 1951년에 건설한 후 소련이 3년 뒤 연구용 원전인 오브닌스크 원자력발전소를 세웠다. 영국은 세계 최초로 상업용 원전인 콜더홀 발전소를 1956년에 완공, 상업용 발전을 시작했다. 뒤이어 1957년에는 미국도 상업용 원전인 시핑포트 원전을 가동했다.

원자력 발전이 본격적으로 확산한 것은 1973년과 1979년에 발생한 두 차례의 석유파동 때문이었다. 중동 문제로 촉발된 OPEC의 석유 무기화는 국제유가를 급등시켰고, 제2차 세계대전 이후 번영과 성장을 누리던 세계 경제에 찬물을 끼얹었다. 이에 중동산 석유에 크게 의존하던 서방 국가들은 OEPC에 대항하는 세계에너지기구(IEA)를 창설하며 공동대응에 나섰고, 기술적으로는 에너지 효율성 향상과 함께 석유를 대체하는 에너지원을 찾아 나섰다. 발전단가가 화석연료와 비교하면 월등히 저렴한 원자력 발전이 최우선 고려 대상이 됐다. 이 시기를 원자력 발전의 전성기라고 불렀다. 1980년대 후반이 되자 원자력 발전은 세계 전력 생산의 17%를 차지할 정도로 성장했다.

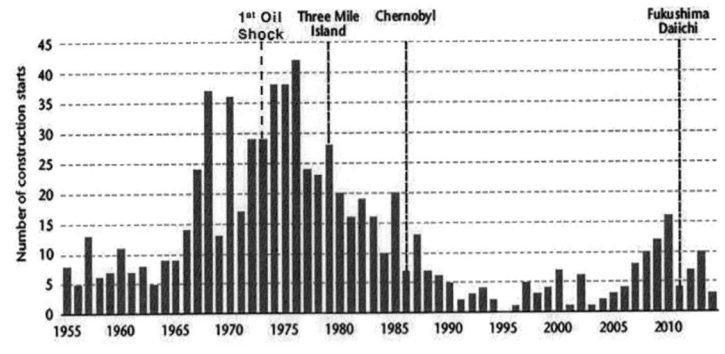

세계 원전 건설 현황
출처: IAEA Power Reactor Information System(PRIS)

원자력발전소는 탄소를 거의 배출하지 않기에 에너지 전환에는 없어서는 안 될 소중한 자원이다. 하지만 원전의 가장 큰 문제는 건설, 운영, 그리고 폐쇄에 너무 많은 돈이 든다는 것이다. 우리나라가 표준형으로 삼고 있는 한국형 원자료 AP1400형의 경우 한 기를 건설하는 데 10조 이상의 비용이 들며, 건설 기간은 10년에서 15년이 필요하다. 결정적으로 원전 가동 후 발생하는 고준위 폐기물인 사용 후 연료를 영구적으로 보존하는 고준위 방사능물질 폐기장 건설이 큰 걸림돌이다. 일부에 따르면 2030년이 되면 현재 가동하고 있는 원자로 26기에서 나오는 사용 후 연료를 저장할 장소가 없다고 한다. 현재까지 우리나라를 비롯한 대부분의 원전 가동 국가들은 사용 후 연료를 원전 내부의 임시 저장소에서 보관하고 있다.

현재 여러 나라에서는 태양광과 풍력과 같은 재생에너지 가격이 원전의 전력 생산 단가보다 낮아지는 현상이 벌어지고 있다. 사실 원전은 단기적으로 운영비용, 즉 연료 가격은 상대적으로 낮지만, 유지보수와 폐쇄 비용은 상당히 비싸다. 후쿠시마 원전과 같은 대형 참사가 터지면 직접적인 사고 수습 비용은 물론이고 사회적 비용까지 생각하면 그 규모는 상상하기가 어려워진다. 이에 따라 원전이 결코 값싼 에너지가 아니라고 주장하는 사람들이 많다. 유럽에서는 원자력 발전에 대한 독일과 프랑스의 입장이 극명하게 다르다. 전체 전력의 70%를 원전에 의존하는 프랑스를 필두로 핀란드 등 원자력 발전을 많이 하는 나라들은 유럽연합의 그린 택소노미[17]에 원자력 발전을 포함하자고 주장하지만, 독일, 포르투갈 등 일부 국가는 이를 반대하고 있다. 이런 와중에도 프랑스는 원전 의존도를 낮추기 위해 풍력 등 재생에너지 투자를 확대하고 있는 모습도 보인다.

1979년 3월, 미국 펜실베이니아 스리마일섬의 원전에서 발생한 사고는 미국인은 물론, 전 세계인들에게 원자력 발전의 무서움을 그대로 보여줬다. 단순한 부품 고장에서 발생한 이 사고로 미국은 물론 세계적으로 반핵 운동을 일으킨 계기가 됐다. 그리고 뒤이어 당시 소련의 일부였던 우크라이나 체르노빌에서 1986년 4월에 발생한 원전 폭발 사고는 원전이 절대로 안전하지 않다는 사실을 다시 한번 확인시켰다. 체르노빌 사고의 후유증은 아직도 끝나지 않고 있다.

원자력 발전 역사상 가장 큰 사고는 2011년 3월 일본에서 발생했다. 2011년 3월 11일 오후 2시 46분, 강도 9.0 규모의 대지진이 일본 동북부 해안을 강타했고 불과 1분 사이 진원지에서 90마일 떨어진 곳에 있던 후쿠시마 다이이치 원전은 지진의 충격을 감지하고 자동으로 정지했다. 지진 여파로 발전소에 전기를 공급하던 전력선은 단절됐고 비상용 디젤 발전기가 즉시 가동되기 시작했다. 하지만 과거 100년 동안 발생하지 않던 대형 쓰나미가 원전의 앞바다를 지키던 방파제를 넘고 원전을 덮치면서 비극은 시작됐다. 한자리에 모여 있던 배터리를 비롯한 원전의 2차, 3차 비상 전원이 한꺼번에 파도에 휩쓸리며 기능을 상실했고 전원 차단으로 냉각수 펌프가 정지했으며 이는 원자로의 과열로 이어졌다. 열을 식히지 못한 원자로 내부는 수소가스로 가득 찼고 원자로를 보호하던 외부 격납용기가 수소 압력을 견디지 못해 폭발해 버림으로써 방사능이 대기 중으로 그대로 노출됐다.

지금도 도쿄전력은 매일 360톤에 달하는 물을 계속 퍼부어 끝없는 핵분열이 진행 중인 원자로 내부를 식히고 있다. 일본 정부와 도쿄전력은 매일 늘어나는 오염수를 감당할 수 없어서 태평양으로의 방류를 결정했다. 문제는 이 냉각수에는 삼중수소, 세슘, 스트론튬 등 환경과 인체에 치명적인 방사능 오염물질들이 들어 있다는 점이다. 도쿄전력이 사고 초기에 빨리 바닷물을 원자로에 유입해서 원자로 과열을 막았다면 어쩌면 단순히 원자로 폐기로만 끝날 수 있었을 문제를 3일간 시간을 끌다가 과열된 원자로에서 발생한 수소가 결국 폭발하면서 이런 사고가 발생한 것이다. 아직도 원자로 내부는 핵반응으로 끓고 있고 이를 바닷물을 퍼 올려 냉각시키고 있으며 일본 정부는 태평양으로 원전 오염수를 내버리고 있다. 바닷물을 퍼 올려 끓고 있는 원자로를 앞으로 얼마나 더 긴 시간 냉각시켜야 하는지는 아무도 모른다. 아마 인류 문명이 끝날 때까지 이런 일을 계속 해야 할 것 같다. 인류 역사상 처음 있는 오염수 해양 폐기의 결과는 아무도 예상 못 한다. 국제사회는 일본 정부의 이런 무책임한 행동에 경악하고 있지만, 일본의 영향력이 큰 국제원자력기구(IAEA)와 미국은 침묵으로 이를 묵인하고 있다.

가동 및 운영비가 상대적으로 저렴하고 기후위기에 대응하는 무탄소 에너지원으로 환영받던 원자력 업계의 꿈은 악몽으로 바뀌었다. 후쿠시마의 비극 이전부터 이미 원전 가동률은 세계적으로 낮아지고 있었다. 원전이 발전원으로서의 매력을 잃어간 가장 큰 이유는 운영 기간이 늘어날수록 노후화에 따른 유지보수 비용이 천문학적으로 커졌기 때문이었다. 민간 전력회사로서는 막대한 초기 건설비와 긴 건설 기간 소요, 노후화에 따른 높은 유지보수비 지출, 그리고 예상이 안 되는 수명이 다한 원전 폐로 비용 등이 부담이 됐다. 이에 비해 건설비용과 시간 부담이 적고 운영비용도 훨씬 저렴한 재생에너지원 건설 쪽으로 사업 방향을 바꾸기 시작했다. 이런 현상은 이미 세계적으로 나타난다.

전 세계에는 2021년 6월 기준으로 모두 415기의 원전이 운영

중이며 53기가 건설 중, 영구 운영 정지된 원전은 196기다. 이는 지난 2002년에 운영되었던 438기보다 감소한 숫자이며 특히, 원전의 평균 수명이 30년을 넘고 있는 이 시점에 앞으로 가동이 중단되는 원전은 더 늘어날 것이다. 원전 가동이 줄어드는 가장 큰 이유는 후쿠시마 사고의 영향이 크다. 아직도 원전을 많이 가동하는 나라로는 미국 93기, 프랑스 56기, 중국 50기, 러시아 38기, 그리고 한국, 인도, 캐나다가 각 20여 기의 순서이다.

원자력은 탈탄소 사회를 위해 필요한 존재이다.[18] 그러나 시간이 갈수록 늘어나는 운영비와 사용 후 핵연료와 같은 폐기물 처리가 문제이다. 전 세계 고객들에게 포괄적인 금융 자문 서비스를 제공하는 금융기관 크리디트 스위스의 추산에 따르면 원전의 유지보수 비용은 매년 약 5%씩 증가한다고 한다. 또 원전의 연료인 우라늄 가격도 세계적으로 과거처럼 싸지 않다. 이런 비용 부담은 결국 각국 정부가 원전 건설계획을 유보하거나 폐기하는 원인 중 하나로 작용한다. 그리고 원자로에서 나온 폐기물을 영구적으로 보관하는 나라는 아직 없고 모두 임시 보관소에서 저장하고 있다. 현재 미국 35개 주에 걸쳐서 모두 80군데의 임시 저장소가 원전 폐기물을 저장한 상태[19]인데 연방정부는 향후 네바다에 영구 원자력 폐기물 저장소를 건설하겠다는 계획을 세웠다. 하지만 이 영구 저장소 건설비용이 날이 갈수록 높아지고 있으며 아직 실질적인 건설은 시작도 하지 못하고 있다. 이에 따라 캘리포니아, 코네티컷, 일리노이를 포함한 9개 주에서는 원전 폐기물 처리 방법이

나타날 때까지 신규 원전 건설 자체를 금지하고 있다. 미국 정부의 영구 저장소 건설은 원래 1998년부터 폐기물 저장을 시작한다고 했다가 2017년으로, 다시 2020년으로 늦어졌다. 이는 연방정부가 지난 2009년 폐기물 저장소 건설 후보지를 변경했기 때문인데 현재까지 어디에다 저장소를 세울지는 아무도 모른다.

현재 원전 26기를 가동 중이며 신규 원전 4기를 건설 또는 계획 중인 우리나라 역시 가동 중인 원전 부지 내부에 사용 후 연료를 임시 보관하고 있다. 얼마 전 정부가 발표한 제11차 전력수급기본계획에 따르면 2038년에는 소형 원전인 SMR을 포함한 우리나라의 원전 숫자는 38기까지 늘어날 전망이다. 윤석열 정부의 원전 확대 방침이 그대로 반영된 결과였다. 하지만 원전 운영 역사가 40년을 넘어가는 이 시점에 각 임시 저장소의 여유 공간은 이제 바닥을 드러내고 있지만 사용 후 핵연료와 같은 고준위 폐기물 저장소 건설은 아직 공식화하지 못하고 있다. 경주에 건설한 중저준위 폐기물 저장소 건설 과정에서 벌어진 엄청난 사회적 갈등을 보고 나서 용기 있게 이를 추진할 엄두를 내지 못한다. 2030년이 되면 일부 원전의 임시 저장소는 포화 상태가 될 것으로 예상되며, 고준위 영구 폐기장은 부지 선정과 건설에 10년이 넘게 걸릴 것으로 보이는데, 이른 시간 안에 이를 해결하지 못하면 탈원전 정책 때문이 아니라 사용 후 핵연료를 비롯한 폐기물 처리 문제로 인해서 원전 가동을 전면 중단해야 할지도 모른다.

이 원고를 수정하는 동안 2025년 2월 말, 국회는 '고준위 방사성폐기물 관리에 관한 특별법'을 통과시켰다. 이 법의 핵심은 쓰고 난 연료인 사용 후 핵연료를 영구적으로 저장하기 위한 폐기장 건립을 위한 각종 제도적 장치를 마련했다. 하지만 이런 법적 준비보다 더 중요한 문제는 좁은 국토 어디에 이 방사성폐기물을 저장할 땅을 확보하는 것인가에 있다. 주민들의 막연한 공포심과 님비현상만을 탓하기도 어렵다. 과거 군사정권 시절처럼 주민들의 반대를 묵살하고 방폐장 건설도 불가능할 것이다. 철저한 사회적 합의와 주민 동의가 필수적이다.

태양과 바람, 가장 값싼 에너지

　지구 위의 모든 에너지, 우리가 사용하는 모든 에너지는 태양에서 왔다. 태양은 지금도 폭발하고 있는 거대한 핵융합발전소이다. 지구보다 지름은 109배 크고 질량은 33만 배 더 큰 태양의 나이는 약 46억 년으로 추정되며, 항성으로서의 수명의 절반 정도를 지난 것으로 보인다. 태양계를 만든 태양은 자신이 수명을 다할 때 백색왜성으로 팽창하며 다시 태양계의 모든 행성을 집어삼킬 것이다. 태양은 우리에게 생명을 줬지만 죽음도 줄 것이다.

　수소가 폭발하며 헬륨으로 에너지를 내뿜는 태양에서는 상상하기 어려운 양의 에너지가 나오며 지구에도 와 닿는다. 태양에서는 방사능을 비롯한 엄청난 위험한 광선들이 만들어져 지구에 내리쬐지만, 다행히 지구의 대기권이 이들을 막아준다. 태양의 에너지가 지구의 대기를 만들었고 식물과 동물을 비롯한 모든 생명을 만들었다. 식물은 광합성으로 태양에너지를 간직한 에너지저장장치이고 초식동물은 그 식물을 소화하며 에너지를 얻고, 육식동물은 그 초식동물을 통해서 에너지를 얻는다. 살아 있는 모두가 태양에서 에너지를 얻는다. 식물이 죽어서 변한 석탄, 동물의 사체에서 얻어지는 석유 할 것 없이 지구상의 모든 에너지 역시 태양의 선물이다. 원시시대부터 모든 문화권에서 태양을 숭배해 온 이유가 여기에서 설명이 된다.

 원초적 에너지인 태양에너지 사용은 석유 무기화와 기후위기로 인해 다시 관심을 끌기 시작했다. 화석연료의 대안 중 하나가 태양이었다. 가장 먼저 소개된 것은 태양광 발전이었다. 태양광 발전의 기본 원리는 태양의 빛에너지를 변환시켜서 전기를 생산하는 방법이다. 1839년 프랑스 과학자 에드몽 베크렐이 광전효과(Photoelectric Effect)[20]를 발견하고 이후 많은 과학자와 엔지니어들의 연구개발 결과 1954년 미국의 벨연구소가 실리콘 태양전지를 개발함으로써 태양광 사용이 시작됐다. 원래 인공위성의 에너지 공급을 위해 시작된 태양광(Photovoltaic, PV)[21] 기술은 1980년대부터 서서히 유선전화 중계시스템, 고속도로 긴급전화기 등과 같이 여러 분야로 사용이 확대됐다. 일본의 전자회사 샤프가 세상에 소개했던 태양광 휴대용 전자계산기는 햇빛을 전기로 변환하는 것이 가능하다는 것을 사람들에게 알린 혁명적인 제품이었다.

 태양광 발전의 장점은 무한한 태양광을 이용할 수 있으며 동시에 이산화탄소를 배출하지 않는다는 것이다. 태양의 수명이 앞으로도 약 50억 년 남았기에 사실 우리에게 태양은 영원히 꺼지지 않는 무한한 에너지다. 그리고 태양전지는 원하는 형태와 크기로 자유롭게 설치하는 것이 가능하다. 설치비용이 다른 발전원에 비해 낮고 유지보수 비용 역시 매우 낮다. 태양광 발전의 단점은 계절 및 지역별 일사량에 따라 전력 생산량이 균일하지 못하고 에너지 효율이 낮아 큰 면적이 필요하고 설치 장소가 제한적이다는 것이다.[22]

중국은 태양광 발전의 세계 챔피언이다. 2023년 기준 세계 전체 태양광 설비용량은 약 1,062GW 정도인데, 중국이 28%인 393GW로 압도적인 1위였다.[23] 미국 113GW, 일본 83GW, 독일 67GW 순서로 뒤를 쫓고 있다. 우리나라는 태양광 발전설비가 약 24GW로 규모에서는 세계 10위권 안에 들지만, 실제 전체 발전량에서 차지하는 비율은 5~6% 수준에 머무르고 있다. 늘어나는 태양광 설비를 제때 수송할 수 있는 송배전선로 부족과 계절별, 시간대별로 일정하지 않은 태양 일조량 때문이다.

중국은 동시에 태양광 설비 제조 부문도 선두이다. 2006년부터 시작된 중국의 PV 제조 산업 폭발은 세계적으로 공급량을 크게 늘렸고 가격 역시 대폭 떨어뜨렸다. 중국은 미국, 일본, 독일 전체가 생산하는 PV보다 많은 양을 공급하는 거인으로 성장했고 전 세계 PV 패널 공급의 3분의 2를 담당하고 있다. 후쿠시마 원전 사고 후 일본 정부는 태양광 발전에 과감한 인센티브 제도를 신설했고 그 결과 주택용과 비주택용 가릴 것 없이 태양광 설비를 설치하는 소비자가 대폭 늘어 세계 3위의 태양광 발전 나라로 변했다. 특히 주택 지붕에 PV를 설치하는 소규모 태양광 발전이 크게 늘고 있다.

태양광 발전이 확대되면 전력회사들은 '악순환의 소용돌이'[24]에 빠져든다. 자가용 태양광 발전기를 설치한 고객들이 늘수록 전력회사의 전력 판매량은 줄어든다. 또한, 날씨가 좋은 날의 한낮에 태양광 발전이 활발하게 이루어지면 전력회사가 생산한 원자력, 화력 등 기존 발전소의 전력을 팔 수가 없어진다. 우리나라의 경우 태양광 발전량이 가장 많은 봄과 가을철 오후 시간대에는 전력수요가 급격히 낮아지는데, 이는 소비자의 태양광 전기 사용이 늘고 동시에 한전으로 판매하는 태양광 발전량이 늘었다는 것을 뜻한다. 이때 전체 전력계통의 운영을 위해 한전은 대형 화력발전소나 원자력발전소의 발전량을 줄여야만 한다. 반대로 태양이 사라지는 밤 시간대나 비가 오는 날이 되면 태양광 발전량은 급격히

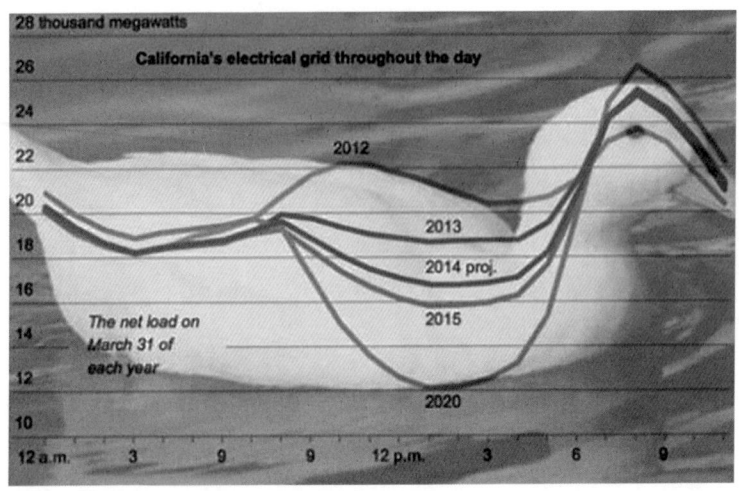

태양광 발전 때문에 전력수요가 변하는 덕커브 현상

줄어든다. 이렇게 태양광 발전은 계절이나 시간대에 따라 전력 생산량이 들쭉날쭉한데, 이런 현상을 표현한 것이 아래 표이다. 마치 전기생산량이 변하는 모습이 오리처럼 생겼다고 해서 덕커브라 한다.

시대의 변화에 대응하는 대표적인 사례가 독일의 대표 전력회사 RWE와 E.ON이었다. RWE는 태양광과 기타 재생에너지 생산에 집중하는 한편, 가정과 기업의 에너지 효율 향상을 지원하는 종합에너지기업으로 변신했다. 반대로 E.ON은 재생에너지 생산, 에너지 효율 향상 서비스, 에너지저장장치와 PV를 묶은 상품 개발 등과 같은 서비스를 통해 고객들이 전력망에서 자유롭게 분리되도록 돕는 서비스 회사가 됐다. 2018년 3월, RWE는 송배전망을 비롯한 전력 판매설비의 77%를 E.ON으로 넘기고 E,ON의 풍력, 태양광, 원자력 발전설비의 17%를 인수했다. 이를 통해 RWE는 재생에너지 중심의 전력 생산 기업으로, E.ON은 전기자동차 충전, 스마트홈 서비스와 같은 종합에너지 플랫폼 기업으로 구조를 재편했다.[25]

태양광 자원이 풍부한 나라들에서는 태양광 발전단가가 다른 화석연료보다 낮아지는 그리드 패리티(Grid Parity) 현상이 늘고 있다. 그리고 태양광 발전은 건설비용이 저렴하고 운영과 유지보수 비용 역시 기존 화력발전소와 비교해서 비교할 수 없을 정도로 낮다. 이는 우리나라도 예외가 아니라서, 2020년에 발표한 정부 자료에 따르면 태양광 발전비용은 2016년 이후 약 17% 정도 하락했다.[26)] 국제재생에너지기구(IRENA)는 2019년 기준으로 전 세계 태양광 발전비용이 석탄화력에 비해 평균 50% 정도 더 저렴했다고 발표했다. 관련 산업이 발전하고 설비 제작비용이 내려갈수록 태양광 발전단가는 계속 떨어질 것이다.

태양광 다음으로 인류가 개발하는 재생에너지는 풍력이다. 지구상에 바람이 분다는 것은 우리가 살아 있음을 증명해 주는 결정적 증거이며, 바람이 멈춘다는 것은 곧 지구의 종말을 뜻한다. 우리 조상들도 그 바람을 이용했다. 풍차를 돌려서 곡식을 찧었고 물을 퍼 올렸고 농사를 지었다. 돛대를 단 범선을 만들어 내면서 큰 바다를 가로질러 세계를 여행했다. 유럽인들이 지중해를 벗어나 신대륙으로 이동할 수 있었던 이유도 바람을 이용한 항해술을 개발하면서부터였다. 그런 풍력이 새로운 에너지원으로 우리에게 돌아온 것은 기후위기 때문이었다. 탄소를 내뿜지 않는 새로운 에너지원을 고민할 때 바람의 힘을 다시 생각하게 됐고, 풍력은 증기기관과 내연기관을 대체할 동력으로서의 자리를 되찾았다.

나라별로 분석해 보면 중국과 미국이 풍력발전을 선도하고 있다. 2022년 기준으로 전 세계 풍력발전량은 906GW를 넘겼다. 이는 전년인 2021년의 830GW에 비교할 때 76GW가 늘어난 결과였다. 20023년에는 세계 풍력설비 규모가 처음으로 1테라와트(TW)를 넘어섰다. 2022년의 풍력발전의 최대 강자는 중국으로, 설비용량은 470GW로 세계 최고였고, 미국이 그다음으로 147GW를 기록했다. 2022년 발발한 러시아와 우크라이나 전쟁의

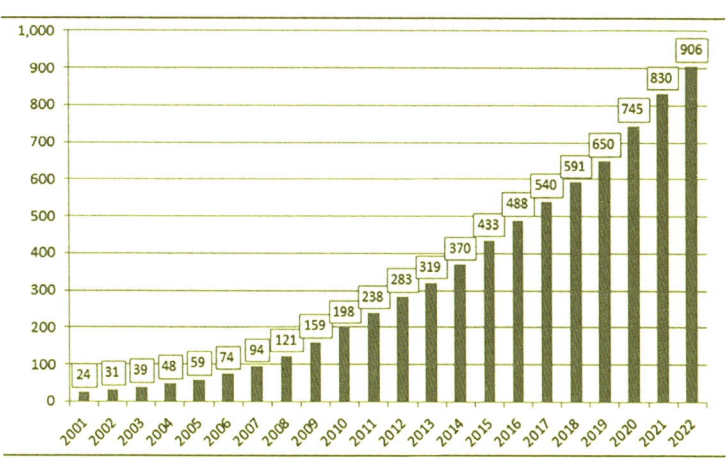

세계 풍력발전 누적 설비량
출처: 세계풍력발전협회(GWEC), 단위 GW

여파로 세계적으로 공급망 위기가 찾아왔고 국제유가가 급등함에 따라 재생에너지로의 에너지 전환의 필요성이 더 커졌다. 이로 인해 최근 다소 지체되던 풍력설비 건설이 다시 활발해지기 시작했다.

중국의 풍력발전 증가 속도는 매우 빨라서 2020년부터 중국의 전력 생산량에서 원자력 발전량을 추월했다. 당시 중국의 전력 생산 비중은 석탄, 수력, 풍력 및 태양광, 원자력, 가스 순이었다.[27] 중국에는 전체 전력 사용량의 10배에 달하는 엄청난 풍력 자원이 있다고 하는데, 실제 발전량에서는 미국에 뒤지고 있다. 이는 중국의 풍력 생산지가 상공업이 발달한 주요 전력 소비지인 동부 해안 지역에서 멀리 떨어진 서부 내륙과 내몽골 등의 오지에 집중돼 있기 때문이다. 이런 전력 수송 문제해결을 위해 중국 정부는 초고압직류송전방식(HVDC) 기반의 전력 수송망 건설에 막대한 투자를 하고 있다.

미국의 풍력발전 용량은 지난 몇 년 동안 꾸준히 증가하여 2010년 47GW에서 2023년 초가 되자 147GW로 3배 이상 증가했다. 풍력 터빈의 실제 발전량도 2023년까지 용량과 비슷한 비율로 꾸준히 증가했다. 다만 생산량은 증가 추세가 둔화했는데, 이는 역으로 풍력발전이 수십 년간의 급속한 성장 이후 성숙해지고 있다는 것을 나타내는 것으로 보인다. 미국에너지정보국(EIA)은 2023년에 전국적으로 엘니뇨 현상이 확산함에 따라 풍속이 느려졌고 그 결과 풍력발전량이 감소한 것도 중요한 이유라고 했다.

유럽의 풍력 강국 영국이 북해 연안에서 성공적으로 추진한 해상풍력사업은 영국의 에너지 산업 전체를 바꿨다. 영국 기업에너지산업전략부(BEIS)의 2021년 보고서에 따르면, 영국 전력 중 태양광과 풍력발전 비중은 24.9%로, 이는 2010년도와 비교할 때 약 10배 늘었다. 반면 같은 기간 석탄발전은 28.1%에서 2.1%로 급감했다고 한다. 석탄발전소가 문을 닫고 그 자리를 재생에너지가 차지했다. 이런 극적인 변화는 재생에너지 확대를 위한 영국 정부의 적극적인 정책 때문이었다. 예를 들면 초기 투자비와 운영비 측면에서 기존 대형 화력발전소에 비해 비싼 재생에너지의 시장가격을 정부가 직접 지원해 주는 발전차액지원제도, 즉

CFD(Contract for Differences)가 대표적인 영국 정부의 지원책이다. 발전단가가 비싼 재생에너지와 시장가격의 차이를 정부가 예산으로 보전해 주는 CFD는 재생에너지 산업을 촉진하기 위해 여러 나라에서 시행한다.

육지에 충분한 풍력설비를 설치한 국가들은 이제 시선을 바다 위로 돌리고 있다. 바다 위는 육지와 비교하면 바람이 일정하게 불어오는 경우가 많기에, 육상보다 비싼 설치비와 운영비 부담에도 불구하고 여러 정부와 기업들은 해상풍력 개발에 힘을 쏟고 있다. 육상의 풍력 자원이 부족한 우리나라 같은 경우도 해상풍력 사업에 집중하고 있다. 영국은 특히 해상풍력 부문에서 선두를 달린다. 영국의 해상풍력 규모는 2023년 초 기준으로 영국의 전체 풍력설비 28GW의 절반인 14GW 규모이다.

풍력발전의 가장 큰 단점은 태양광 발전과 마찬가지로 바람의 변화에 따라 전력 생산량 변동이 있다는 것이다. 하지만 풍력발전 기술의 발전은 이런 문제를 조금씩 해결해 주고 있다. 풍력발전의 또 하나의 문제는 철새들의 이동 경로를 방해하고 때로는 철새들이 풍력 터빈의 날개에 희생된다는 것이다. 이를 해결하기 위해서 터빈 날개 속도를 기존 모델보다 획기적으로 느리게 설계하는 등의 기술 발전을 시도한다.[28] 또 풍력발전기 설치 이전에 철새들의 이동 경로를 미리 파악하는 연구도 진행하고 있다. 풍력발전의 눈부신 성장은 앞으로 개발도상국들을 중심으로 계속될 것이며, 기술이 발전하고 비용이 떨어지면 풍력은 가장 효율적인 재생에너지원으로 자리 잡을 것이다.

　세계풍력발전협회(GWEC)에 따르면 전 세계의 풍력발전 용량은 2020년에 이미 700GW를 넘어섰고 2024년까지 모두 348GW 규모의 신규 풍력설비가 설치될 것으로 예상했다. 2024년도의 자료가 완전히 공개되지 않았지만, 풍력업계에서는 이 목표가 충분히 달성됐을 것으로 보고 있다. 이는 2020년과 2024년 5년 사이에 누적 설비용량이 무려 50% 이상 증가했음을 의미하는 것이다. GWEC는 향후 세계 풍력 시장은 미국과 중국 두 나라가 선도할 것이라고 한다. 2024년까지 설치 예정인 신규 육상 풍력발전의 50% 이상이 미국과 중국에 의해서 설치될 예정인데 두 나라는 풍력산업에 막대한 보조금 지급을 지급하고 있다. 중국은 특히 해상 풍력 부문을 주도하고 있는데, 2024년까지 48GW 이상, 2025년부터 2030년까지 157GW의 신규 해상풍력설비를 확대해 나갈 계획이다.

무한에너지 수력과
지열에너지

물은 지구의 생명에게 가장 중요한 요소다. 지구별이 태양계의 다른 행성들과 다른 이유는 바로 물이다. 우주에서 바라보는 지구가 푸르고 아름다운 이유가 바로 지구 표면의 70%를 넘게 차지하는 바다, 즉 물 때문이다. 모든 생명은 물에서 왔다. 인류 조상들은 이런 물의 힘을 에너지원으로 이용해 왔다. 수차를 이용해서 농업을 발전시켰고 곡식을 빻았다. 그리고 물의 위치에너지를 운동에너지로 바꾸고 이를 에너지원으로 이용했다.

에너지 관점에서 살펴본 기록으로 보면 2022년 기준으로 전 세계의 수력발전자원은 1,397GW로 나타났다.[29] 이는 전년 대비 2.7% 증가한 수치이다. 국제에너지기구(IEA)와 국제재생에너지기구(International Renewable Energy Agency, IRENA)는 2050년까지 오늘날의 수력발전자원보다 2배 이상 늘려서 약 2,500GW에서 3,000GW 규모의 수력자원을 확보하는 것이 가장 저렴하게 기후위기에 대응하는 에너지 전환을 완성하는 방법이라고 한다. 이를 위해서는 매년 약 45GW 정도의 수력발전자원을 새로 개발해야 한다.

현재 중국이 세계에서 가장 많은 수력발전설비를 보유하고 있는데 전체 규모가 2023년 기준으로 422GW였다. 2003년부터 전기를 생산한 삼협댐(싼샤댐)은 2012년에 공사 전체가 마무리됐는데, 600피트 높이로 설비용량이 22,500MW나 된다. 삼협댐은 매년 830만 메가와트(MW) 정도의 전기를 생산하는데, 이는 석탄 450만 톤을 태워서 생산하는 화력발전량 또는 원전 12기가 생산하는 전기의 양이다. 이 막대한 전력 생산 규모와는 별개로 이 댐 때문에 244평방마일이 침수됐고, 140만 명의 주민들이 삶의 터전을 잃었다.[30] 이런 대규모 수몰은 중국 토종 동식물의 대량 멸종과 지진 활동 증가 및 치명적인 산사태 발생 등의 심각한 문제를 유발했다.

수력발전은 세계적으로 가장 널리 퍼진 전력 생산이지만, 대부분의 대형 설비는 국토의 크기가 큰 일부 국가에 집중돼 있다. 세계적으로 수력자원이 풍부한 나라들로는 브라질, 미국, 캐나다, 인도, 일본, 러시아를 꼽을 수 있다. 수력발전의 가장 큰 장점은 일단 건설만 하고 나면 연료비가 안 드는 청정에너지를 생산한다는 것이다. 수력발전의 발전단가는 다른 어떤 에너지원과 비교해도 가장 저렴하다. 하지만 앞서 설명한 것과 같이 대규모 지역이 수몰되고 많은 이주민이 발생한다는 단점도 있다.

미국의 수력발전 규모는 전체 발전량의 7%, 재생에너지 생산량의 51%를 각각 차지한다. 주별 생산 규모를 놓고 보면 워싱턴, 오리건, 캘리포니아, 뉴욕, 앨라배마, 테네시, 몬태나, 아이다호 순서이다. 지역적인 측면에서는 미주 대륙의 북서부에 수력자원이 많이 몰려 있다. 특히 캐나다 로키산맥에서 발원해 워싱턴과 오리건을 지나 태평양으로 흘러가는 콜롬비아강의 풍부한 수자원을 이용하는 댐들이 대표적인 수력발전 생산지이다.

  수력발전의 가장 큰 장점은 전력 생산이 일정하고 안정적이다는 것이다. 수력발전은 물이 흐르는 한 일정하게 전기를 생산하고 또 풍력이나 태양광 발전량이 들쭉날쭉할 때 신속하게 이를 보전하는 역할을 하므로 풍력발전, 태양광 발전과 함께 안정적인 전력 공급을 위한 보조 전원 구실을 한다. 수력자원은 전력 생산 이외에도 수자원 저장, 농업용수 공급, 홍수 통제와 같은 다양한 역할도 하므로 에너지 공급은 물론 식량안보 확보에도 도움을 준다.

  수자원 사용을 놓고 국제분쟁도 생긴다. 미얀마, 라오스, 태국, 캄보디아, 베트남을 관통해서 흐르며 6,000만 명이 의존하는 메콩강 상류에 중국이 대형 댐을 세우면서 주변국들에 심각한 문제를 주기 시작했다. 중국이 강 상류에 댐을 건설하면서부터 하류 지역에는 수자원이 줄고 홍수가 늘어나고 있다. 강물 수량이 줄어들면서 바닷물이 강으로 역류해 올라오지만, 상류에서 내려오던 침전물은 댐에 가로막혀 줄어들어 세계에서 가장 비옥한 쌀 생산지인 메콩 델타가 파괴되고 있다.[31] 국경을 가로지르는 강물의 사용권을 놓고 관련국들 사이의 경쟁과 긴장도 높아진다. 유사한 수자원 분쟁은 나일강 사용권과 댐 건설을 놓고 벌이는 이집트와 수단의 신경전, 티그리스강 유역의 댐 건설을 놓고 터키와 시리아, 이라크 사이의 분쟁 등이 있다.

밀물과 썰물의 조수간만의 차이와 파도를 이용해서 전기를 생산하는 조력발전도 수자원을 이용하는 재생에너지 기술이다. 해안선이 긴 나라들이 바다의 썰물과 물의 차이에서 발생하는 에너지를 포집해서 이를 에너지로 전환하려고 하는데, 우리나라의 시화호 방조제를 이용해서 세계 최대 규모인 254MW급의 조력발전소를 운영하는 한국수자원공사가 이 분야에서는 선두 주자이다. 다음으로 프랑스가 240MW급 조력발전소를 운영하고 있다.

기타 수자원 에너지로는 수면과 해저면의 온도 차를 이용해서 터빈을 돌리는 해양열발전소(Ocean Thermal Conversion Power), 전력 가격이 낮은 시간대에 물을 산으로 퍼 올려 비싼 시간대에 낙차를 이용해 전기를 생산하는 양수발전이 있다. 양수발전의 강점은 다른 풍력과 태양광 같은 다른 재생에너지의 생산량이 급하게 변동할 때 거의 실시간으로 이를 보완할 수 있다는 점이다. 이를 통해서 더 많은 풍력과 태양광 에너지 생산에 도움을 준다. 이것이 바로 양수발전을 천연 에너지저장장치(Energy Storage System, ESS)라고 부르는 이유이다.

수력에너지는 세계 에너지 공급량의 6분의 1을 차지하는 큰 역할을 하고 있다. 그렇지만 산업화가 진행된 나라들로서는 더는 댐을 지을 공간이 없다. 그리고 아직 개발하지 않은 수자원이 많은 나라도 수력자원을 개발하기보다 다른 재생에너지를 개발하는 편이 비용 측면에서 더 현명한 결정일 수도 있다. 대형 댐 건설과 운영에서 나타나는 부작용을 무시하기 어렵기 때문이다.

지구 내부는 끓고 있는 불덩이다. 지구 중심부의 온도는 화씨 1만도, 섭씨로는 5,700도로 태양의 표면 온도와 비슷하다. 이런 엄청난 에너지가 지구의 핵과 맨틀에서 뿜어져 나오는데, 이를 전기나 열에너지로 전환하는 것이 가능하다. 지각의 움직임이 활발한 곳에서 가장 많은 지열에너지가 나온다. 소위 '불의 고리'라고 불리는 태평양을 둘러싼 지역들이 대표적이다. 여기에는 칠레, 페루, 콜롬비아를 포함하는 안데스산맥 국가들, 중앙아메리카, 미국과 캐나다의 서부 지역이 모두 들어간다. 태평양 반대편에는 일본, 중국, 필리핀, 인도네시아가 있다. 또 에티오피아, 케냐, 르완다, 탄자니아, 우간다를 아우르는 '그레이트 리프트 밸리' 지역에도 지열 자원이 풍부하다.

지열에너지의 선두 주자는 아이슬란드이다. 아이슬란드 사람들은 땅속에서 나오는 열을 이용해서 전기를 생산하고, 난방도 하고, 농작물을 키우고, 어류를 재배하고, 목욕물도 끓이는 식으로 생활의 모든 부분에 지열 자원을 활용한다. 아이슬란드는 어느 곳을 파도 1마일을 채 내려가기 전에 땅 온도가 화씨 480도, 섭씨 250도까지 치솟기 때문에 지열로 전기를 생산하기에 최고로 좋은 조건을 갖추고 있다. 2020년 기준으로 아이슬란드는 지열로 27%의 전기를 생산하며 나머지 73%는 수력발전에서 얻는다.³²⁾ 세계 최대의 지열에너지 생산 국가는 미국으로 설비 규모가 3,714MW이며 인도네시아, 필리핀, 터키, 뉴질랜드가 각각 2,133MW, 1,918MW, 1,688MW, 1,005MW를 생산할 수 있는 소위 '1기가와트(GW)' 그룹에 속하는 나라들이다.³³⁾

지열에너지 중에서 히트 펌프도 있는데 지표 바로 아래 온도가 항상 일정하다는 점을 이용해 겨울철에는 난방용으로 또 여름철에는 냉방용으로 지열 자원을 활용하는 방법이다. 히트 펌프는 기존 냉난방과 비교할 때 25~50% 가깝게 전기를 적게 사용한다. 전 세계에는 이런 자원이 약 50만MW 정도 분포된 것으로 보인다. 미국에 있는 지열에너지협회(GEA)는 지구상의 약 40개 국가는 전체 전기수요의 100%를 지열로 대체할 수 있다고 판단한다. 여기에는 코스타리카, 에콰도르, 엘살바도르, 에티오피아, 인도네시아, 케냐, 페루, 필리핀, 탄자니아, 우간다가 들어간다. 이 나라들의 인구를 합치면 모두 8억 6,000만 명인데 전 세계 인구의 12%를 차지한다.

최근 개발된 진보된 지열 시스템, 즉 ESG(Enhanced Geothermal System)³⁴⁾ 기술이 보급되면서 지표 아래의 온수를 찾는 일이 더 빨라지고 있다. 이 기술은 지열 자원과 지표 사이에 두껍고 마른 암반이 있어 쉽게 관정을 뚫지 못하는 지역에서 사용되는데, 우선 다량의 물을 지하로 뿜어 넣어 암반 옆에 인공 지하 연못을 만들어 압력을 가한다. 그리고 근처에 두 번째 관정을 뚫어 땅속의 증기나 온수를 뿜어 올려서 터빈을 돌리는 기술이다. ESG는 셰일오일을 퍼 올리는 수직파쇄공법을 응용한 것이지만 그 효과는 매우 다르다. 즉 땅을 파고 물을 집어넣는 것은 비슷하지만 지하 세계에 독성 물질을 전혀 남기지 않는 것이 ESG 기술이다.

지열발전의 강점은 안정적으로 중단 없이 전기를 생산할 수 있다는 데에 있다. 그러나 더 큰 장점은 풍력발전과 태양광 발전이 늘어나는 만큼 이를 보완하는 방법으로 즉각 전기를 생산할 수 있다는 점이다. 지열발전을 이용하면 풍력발전과 태양광 발전이 중단되는 시점에 대비해서 예비로 화석연료를 태우는 발전소를 세울 필요가 없어진다. 일단 지열 자원이 풍부한 지역에서는 지열발전이 큰 혜택을 줄 것이 분명하다.

에너지 전환의
미래

 화석연료에 의존하던 인류는 이제 에너지 전환의 시대를 열고 있다. 이 위대한 전환을 이끄는 힘은 다양하다. 에너지 전환은 사회적, 기술적, 제도적 이유로 발생한다. 에너지 전환의 사회적 관점에서의 이유는 기후위기 극복과 환경오염 해결을 들 수 있다. 우리 눈앞에 다가온 기후위기는 인류의 미래를 위해 반드시 우리 세대가 해결해야 할 문제이다. 환경에 많은 발자국을 남기는 화석연료를 깨끗한 재생에너지로 바꾸는 것은 물, 공기, 흙의 오염을 줄이기 위해 우리가 가장 먼저 시작해야 할 일이다.
 에너지 전환 추진의 기술적 이유는 풍력과 태양광을 비롯한 재생에너지 생산 기술이 나날이 발전하고 있음을 이해하고 이를 적극적으로 활용하는 것에서 시작된다. 이미 여러 재생에너지 자원이 화석연료보다 경제성에서 경쟁력이 앞선다는 결과가 나오고 있다. 전기생산량이 시간이나 계절에 따라 들쭉날쭉한 간헐성을 극복하기 위한 에너지저장장치를 비롯한 기술의 진보도 에너지 전환을 서두르게 하는 이유 중 하나다. 이런 사회적, 기술적 이유들을 뒷받침하는 각종 국제협약과 다양한 법령 등이 만들어지는 것은 에너지 전환의 제도적 뒷받침이다.

대표적인 화석연료인 석유를 비롯한 기존의 에너지 자원은 특정 지역에만 집중돼 있었다. 이런 한정적인 자원을 놓고 국제적 분쟁과 전쟁도 빈발했고, 때로는 석유파동과 같은 경제적 위기도 겪었다. 그러나 하늘에서 내려오는 태양광과 불어오는 바람은 누구에게나 공평하다. 물론 일사량과 풍량도 지역에 따라 또는 계절에 따라 편차가 있다. 하지만 누구나 태양광 패널을 설치하고 풍력발전기를 건설하면 공짜로 자연으로부터의 에너지를 얻을 수 있다. 특정 기업이나 국가가 독점할 수 없는 것이 자연에서 나오는 재생에너지이다. 지금은 독점의 시대에서 공평의 시대로 전환하는 바로 그 역사적 전환의 시대이다.

마차가 사라지고 내연기관 자동차가 나오면서 마차와 말은 거리에서 사라졌다. 모든 시대의 변화에는 승자와 패자가 있다는 말이다. 산업 측면에서 보면 태양광 패널과 풍력 터빈을 생산하고 설치하는 기업들의 성장은 눈부시다. 특히 중국은 가장 많은 화석에너지를 소비하는 기후악당 오명을 벗기 위해 국가적 차원에서 재생에너지 산업을 육성했다. 그 결과 태양광 발전과 풍력발전에 필요한 설비 제작은 물론이고 재생에너지 생산에서도 세계의 선두 자리를 차지했다. 우리나라 거리의 버스도 중국산 전기버스로 대체되고 있다. 전기자동차에 꼭 필요한 배터리도 중국에서 거의 만들어진다. 이는 에너지 전환의 필요성을 미리 알고 국가적 차원의 집중적 노력을 기울인 결과다.

에너지 전환에는 정부의 정책 결정이 중요하다. 각국 정부들은 탄소중립 목표를 달성하기 위해 몇 가지 기본적인 정책을 활용한다. 발전차액지원제도, 즉 FIT는 재생에너지 생산을 촉진하는 기본적인 제도로서 규모를 불문하고 태양광 발전사업자들이 장기적, 안정적으로 전기를 생산하도록 유도한다. 발전사업자에게 일정한 용량을 반드시 재생에너지로 생산하게 만드는 '재생에너지 공급의무화제도(RPS, Renewable Portfolio Standard)' 역시 재생에너지 생산을 촉진하는 제도이다.

에너지 전환의 또 다른 한 축은 에너지 효율 향상이다. 조명, 빌딩 관리, 전자제품, 산업, 운수 등 에너지 소비가 많은 여러 분야에서 효율 향상으로 얻을 수 있는 경제적 효과는 엄청나다. 인류가 생산하는 에너지의 20%는 어둠을 밝히는 조명에 사용하는데, 만약 전 세계가 기존의 저효율 전등을 에너지 효율이 75%나 더 높은 LED로 교체하면 석탄화력발전소 약 270개를 사용하지 않아도 되는 효과를 본다. 백열등을 고효율 LED로 교체하면 90%까지 효율을 높인다. 100W짜리 백열등을 LED로 바꾸면 이 LED가 수명을 다할 때까지 절감하는 전기에너지의 양은 토요타의 전기자동차 프리우스를 몰고 뉴욕에서 샌프란시스코까지 달릴 수 있는 만큼이라고 한다.

민간 차원에서 에너지 전환을 확대하고 확산하려는 대표적인 노력이 RE100(Renewable Energy 100) 운동이다. RE100은 기업이 2050년까지 사용 전력량의 100%를 풍력, 태양광 등 재생에너지로 조달하겠다고 자발적으로 선언하는 국제 캠페인이다. 2014년 시작된 이후 현재까지 구글, 애플, GM, 이케아 등 글로벌기업 400여 곳이 가입했다. 국내에서는 2024년 현재 SK 계열사 6개, 아모레퍼시픽, LG 에너지솔루션 등 36개 기업이 참여를 선언했다. 애플, 구글 등은 이미 RE100을 달성했으며 사회적 흐름에 따라 RE100 실천은 필수 사항이 되고 있다.

RE100은 조만간 우리에게 심각한 문제로 다가올 것이다. 유럽연합은 2026년 탄소국경조정제도(CBAM)를 시행하겠다고 한다. 구체적 내용은 아직 확정되지 않았지만, 기본적으로 유럽연합 역내로 수출하려는 외국 기업들은 자신들이 청정한 에너지를 사용해 제품을 제조했다는 증명을 제출하는 것으로 알려져 있다. 만약 이를 이행하지 못하면 그만큼의 세금을 부과하겠다는 것이 이 CBAM의 주요 내용이다. 이는 RE100을 세계적으로 확산시킴으로써 기후위기에 대응하는 움직임을 확산시키자는 의도이지만, 상대적으로 경제력이 뒤처지는 국가들에는 하나의 무역장벽으로 보인다는 비판도 있다. 물론 트럼프는 RE100 자체를 인정하지 않고 석유에너지 사용을 오히려 장려하는 방향으로 나가고 있기에 과연 RE100이 당초의 생각대로 탄소중립과 에너지 전환을 앞당기는 방향으로 발전해 나갈지는 아직 미지수이다. 그렇지만 선도적으로 RE100을 선언한 구글이나 마이크로소프트 같은 미국 기업들이 자신들에게 납품하는 기업들에 개별적으로 RE100 기준을 엄격히 적용해 나가는 분위기임은 분명하다. 그렇다면 이들과 사업관계를 맺는 삼성이나 LG 같은 우리 기업들 역시 RE100 기준을 따라야만 생존할 수 있게 된다.

에너지 전환은 필연적으로 전력산업의 근본을 바꾼다. 기존의 중앙집중적인 전력시스템으로는 간헐성이 있는 재생에너지로 생산하는 전기를 제대로 소비자에게 공급하기 어렵다. 대신 재생에너지를 생산한 지역에서 직접 그 전기를 소비하는 분산형 전원 개발이 그 대안이 된다. 최근 국회에서는 이를 국가적으로 추진하자는 법률, 즉 '분산에너지활성화특별법'이 통과됐는데, 중앙집중적 전력시스템의 한계를 넘고 수도권에 몰려 있는 에너지 다소비 기업들을 지방으로 유치하기 위한 좋은 정책으로 발전할 수 있어 보인다. 거대한 중앙집중적 전력회사의 독점은 무너지고 지역별 특성에 맞는 협동조합, 시민운동단체 등 다양한 주체들이 재생에너지로 전기를 생산하고 이를 공급하는 경제 활동에 참여하게 된다.

에너지 전환은 어쩌면 이제부터 본격적인 시작이다. 산업혁명이 기후 파괴의 시작이었듯이 에너지 전환은 기후를 다시 안정시키는 새로운 시작이다. 세계 여러 나라는 이 맹렬한 변화의 흐름에 동참하고 있다. 어떤 나라는 앞서가고 있고 또 어떤 나라는 뒤처져 있다. 아예 시작하지도 못한 나라도 많다. 중요한 것은 이런 시대적 변화에 얼마나 빨리 동참하느냐는 그 결과로 나타날 것이다. 에너지 전환을 빨리 시작하고 그 성과를 남들보다 먼저 얻는 나라는 역사의 승자가 되고 그렇지 못한 나라는 패자로 그만큼의 불이익을 당하게 된다. RE100이 완전히 정착하고 실현되는 무역 장벽으로 작용할 수도 있고, 청정에너지를 사용하지 못하는 기업들은 이 제도에 완전히 적응한 나라에 비해 국제 무역에서 불리한 자리에 서게 될 것이다.

에너지 전환, 어디로 가나

　재생에너지는 하늘에서 내려오는 태양광과 바람을 사용하는 무한에너지다. 반면 화석에너지는 주로 특정 지역에 집중적으로 매장돼 있고 사용할수록 양이 줄어든 한정적인 자원이다. 재생에너지 사용이 늘어난다는 것은 이전보다는 화석에너지 사용량이 줄어든다는 말이다. 또 재생에너지는 대부분 전기의 형태로 생산이 되므로, 전체 에너지 사용에서 전기에너지가 늘어난다는 말도 된다. 현재까지의 기술로는 가장 효율이 좋은 가스복합화력발전소의 효율이 40% 정도이고, 태양광이나 풍력도 이보다 더 좋은 효율을 내지는 못한다. 하지만 다들 알듯이 가스는 생산과 수송, 그리고 전력 생산에 많은 돈이 들지만, 바람과 햇빛은 공짜다. 그리고 풍력과 태양광 발전설비 설치비용은 가스발전소 설치비용과는 비교할 수 없을 정도로 저렴하다. 국제에너지기구(International Energy Agency, IEA)의 자료에 따르면, 2021년 기준으로 전 세계 재생에너지 생산량은 모두 750만 기가와트아우어(GWh)로 1990년의 200만GWh에 비하면 3~4배 정도 규모로 증가했다. 가장 큰 부분은 전통적인 재생에너지인 수력발전으로 전체 재생에너지의 절반이 넘는 440만GWh를 차지했다. 다음으로 풍력발전량이 약 150만GWh, 태양광이 약 100만GWh, 나머지는 조력과 파력 등 해양에너지, 그리고 지열 등이 조금씩 차지하고 있었다.

수력은 인류가 가장 오랫동안 사용하고 있는 재생에너지로 물의 힘을 이용해서 전기를 만드는 가장 경제적이고 청정한 에너지원이다. 풍력 역시 역사가 긴 자연에너지로, 인류는 바람을 이용해서 대양을 가로질러 신세계로 향했고 방앗간을 돌려서 곡식을 가공했다. 태양광은 반도체가 등장함에 따라 전기를 만드는 에너지원으로 사용하기 시작했다.

최근에 와서 가장 큰 폭으로 늘어나는 재생에너지는 태양을 이용하는 태양광 발전이다. 태양광 발전은 태양전지 패널(Photovoltaic, PV)[35]이 개발되면서 각광 받는 재생에너지로, 처음에는 주로 주택의 지붕에 설치하는 작은 규모였지만 이제는 상업용으로 전기를 만들어 파는 사업자들이 대거 등장하면서 그 규모가 커지고 있다. 대형 전력회사도 대규모 태양광 발전을 활발하게 하고 있다. 각자의 지붕에 태양광 패널을 설치한 고객이 늘어날수록 전력회사로서는 그만큼의 전력 판매가 줄어들기 때문에 손해를 보게 된다. 반대로 전력회사는 직접 태양광 발전사업을 시작함으로써 에너지 전환에 동참할 수도 있다. 또한, 주택의 전기 사용량보다 많이 생산한 고객의 전기를 전력회사가 되사는 경우도 늘어나고 있는데, 태양광 발전이 많은 여름철 낮에는 전력회사로 전기를 팔고, 반대로 태양광 발전이 중단되는 저녁 시간이나 겨울철에는 전력회사의 전기를 사용하는 고객을 프로슈머(Pro-sumer)라고 부른다. 최근에는 우리나라에도 이런 프로슈머 제도가 생겼고 참여하는 고객들이 늘고 있다. 세계적으로 폭발적으로 늘어나는 전기자동차 역시 이런 프로슈머의 기능을 한다. 밤 시간대의 싼 전기로 전기자동차를 충전하고, 전력수요가 높은 낮 시간대에 전기자동차의 배터리 전기를 전력회사로 팔면서 수익을 올리는 것이 가능해졌다. 이처럼 프로슈머가 늘어나면 에너지 효율성도 증가한다.

최근 독일에서는 특히 주택용 태양광 설비가 증가함에 따라 전력회사의 수익이 많이 떨어졌다. 독일의 양대 전력회사인 RWE와 E.ON은 전통적인 전력 생산(발전), 전력 수송(송전), 판매(배전)의 사업에서 탈피, RWE가 EON의 신재생발전설비를 인수하면서 신재생을 중심으로 하는 전력 생산 전문기업으로 변모하는 반면, E.ON은 전력 및 난방에너지 판매와 고객솔루션사업 중심으로 회사의 성격을 바꾸는 변화가 일어났다. 이는 모두 에너지 전환으로 인한 전력산업 생태계 변화에 대응한 결과였다. 특히 우크라이나 전쟁 이후 유럽 전체가 러시아의 가스공급 중단 등 에너지 위기를 맞이하면서 재생에너지 개발 속도는 더 빨라질 것이다.

눈에 띄는 현상은 재생에너지 확대가 반드시 기후위기에서만 기인하는 것은 아니라는 것이다. 유엔은 과거 반기문 전 사무총장 시절부터 에너지 보급을 위한 적극적인 활동을 벌여왔다. 반기문 전 사무총장은 전기보급이 제대로 되지 않는 아프리카 및 서남아시아 지역을 대상으로 "지속 가능한 에너지를 모두에게(Sustainable Energy for All, SE4All)"라는 사업을 벌여왔다. 이 사업의 목표는 전력설비, 특히 송배전설비가 부족해서 전기를 마음대로 사용하지 못하는 저개발 국가에서도 자유롭게 전기를 사용하게 하자는 생각에서 시작됐는데, 사실 이런 지역은 화석에너지를 이용하는 발전설비가 빈약한 것은 물론이고 오지의 주민들에게 전기를 공급할 송전과 배전선로도 너무나 취약했다. 그래서 유엔은 이런 지역에 소형 태양광 발전설비를 널리 보급하자는 계획을 세웠다. 유선전화가 없는 오지에 전화선을 새로 까는 것보다 무선 중계기를 달거나 인공위성을 띄워서 핸드폰 보급을 확대하는 것이 더 효율적인 것과 같은 논리였다. 태양광 발전설비를 이용해 전력 공급망이 없는 지역에서도 전기를 사용할 수 있기 때문이었다.

 유엔의 자료에 따르면, 나무나 석탄을 난방과 취사 연료로 사용하는 지역에서는 폐암을 비롯한 각종 호흡기 질환 발생 비율이 매우 높다고 한다. 이런 지역의 연료를 태양광에서 나온 전기로 대체하면, 에너지 보급을 확대하는 것은 물론이고 지역 주민들의 건강 개선에도 큰 도움이 된다. 에너지 전환은 이처럼 인류 복지의 여러 측면에도 도움을 준다.

 건강과 보건이 에너지 전환의 촉매가 된 것은 이런 오지뿐만 아니라 이미 산업화가 이루어진 나라에서도 비슷하게 나타난다. 미국에서도 최근 20년 사이에 석탄발전소 숫자가 크게 줄고 있다. 미국에너지경제재무분석연구소(IEEFA)가 2022년에 발표한 자료에 따르면, 미국에서는 2030년까지 99GW 규모의 석탄발전소들이 폐쇄될 것이라고 한다. 2011년에는 총 318GW 규모의 석탄발전소가 미국 내에서 운영되고 있었다고 하며, 이후 점진적인 감소세가 진행됐다고 한다. 현재까지 폐쇄 계획이 없는 석탄발전소 규모를 합치면 약 83GW 정도로, 이들 역시 시간이 갈수록 가스발전소나 다른 친환경 발전설비로 대체될 것이다.

  에너지 전환은 기후위기 극복을 위해 우리가 가야만 하는 길임이 분명하다. 화석에너지 덕분에 인류는 현대 문명을 이룩했고 지금과 같은 편리한 문명 생활을 즐기고 있다. 하지만 이 현대의 편리함이 결국 자연의 질서를 파괴하고 궁극적으로는 우리가 살고 있는 에너지의 원천인 지구의 미래도 어둡게 할 수도 있음을 깨달았다. 그리고 편중된 화석에너지를 놓고 벌어지는 분쟁과 싸움 역시 인류의 미래를 어둡게 한다. 깨끗하고 보편적인 재생에너지로의 전환은 이제 선택이 아니라 필수이다.

제2장

에너지 혁명과 에너지 패권의 역사

에너지가 바꾼
세상

 영국에서 시작된 산업혁명은 세상의 질서를 완전히 바꿨다. 산업혁명의 핵심은 사람이나 동물, 그리고 자연의 힘으로 하던 모든 경제 활동을 기계의 힘으로 대체하는 거대한 전환이었다. 기계는 사람과 동물과 달리 지치지 않고 힘든 노동을 거뜬히 해냈다. 유럽인들의 기계혁명은 기관총, 대포, 기선, 기차와 같은 혁신적 장비들을 쏟아냈고 이들은 이런 기계를 앞세워 전 세계를 휩쓸었다. 과거 나침반, 화약, 종이, 인쇄술과 같은 인류 최초의 발명품을 개발했던 중국은 15세기 정화의 대원정 이후 세계와의 문을 닫았다. 당시 압도적인 물질문명을 개발했던 중국인들은 이 세상에 자신들보다 더 뛰어난 문명은 없다는 사실을 깨닫고 더는 외부에 관한 관심을 끊어버렸다. 하지만 이후 중국이 잠을 자는 200년 동안 서양은 중국과 동양을 앞서가는 혁명을 일으켰다.
 18세기 이후 산업혁명으로 기계문명의 꽃을 피우면서 유럽인들의 아시아를 대하는 자세가 달라지기 시작했다. 바로 에너지 전환을 먼저 달성한 유럽인들이 더는 중국을 비롯한 아시아를 두려워하지 않게 된 것이다. 사실 중국을 중심으로 한 동아시아 문명권은 근대 문명을 일으킨 유럽으로부터 가장 먼 곳에 있었고, 또한 역사적으로도 강력한 체제를 갖추고 있었기에 유럽인들이 산업혁명을 통한 기계화된 군사력을 갖추기 전까지는 함부로 접근할 수 없었다. 하지만 19세기 중엽이 되자 상황이 달라졌다.

유럽 세력은 인도를 공략하고 지배권에 둔 이후 서서히 동아시아로 세력을 확장했다. 처음에는 무역을 위한 개항 요구를 했는데 이는 비단, 차, 도자기 등 중국의 고급 상품을 수입하면서 발생한 무역적자를 회복하는 수준에서 시작됐다. 모든 면에서 앞서 있던 중국은 유럽에서 수입할 물건이 없었기에 중국과 유럽 사이의 무역은 항상 유럽이 손해를 보는 상황이었다. 남미 등 신대륙에서 획득한 막대한 양의 은이 중국으로 쏟아져 들어가는 심각한 상황을 타개하기 위해 영국은 아편을 중국으로 밀반입했고, 이는 아편전쟁으로 이어졌다. 아편전쟁을 통해 유럽인들은 종이호랑이에 불과한 중국의 현실을 인식했고 노골적으로 경제적 침탈을 시작했다. 이와 같은 서양의 동양에 대한 침탈을 서세동점(西勢東漸)의 시대라고 한다.

영국이 대표한 서양 세력과 중국을 중심으로 한 동양 세력은 두 차례의 아편전쟁을 통해 이제 패권이 누구에게 있는가를 확인했다. 과거 인도양을 휩쓸고 아프리카까지 진출했던 중국의 범선은 증기기관을 이용해 바람과 관계없이 항해하고 거대한 대포로 무장한 서양의 철선과는 상대가 되지 않았다. 그동안 앞서가던 동양의 완패였고 서양의 완벽한 승리였다. 증기기관을 이용하는 에너지 전환을 성공시킨 서양은 그러지 못한 동양을 침탈하기 시작했다. 새로운 에너지를 활용했던 유럽인들은 1,000년이 넘게 자연에너지에 의존했던 동양을 그대로 압도했다.

19세기 말과 20세기 초를 거치면서 문명의 발상지인 중국과 인도는 각각 반식민지 상태와 완전 식민지로의 수모를 겪는다. 중국인들은 이 시기부터 제2차 세계대전이 끝나는 20세기 중반까지의 200년을 서양에 침탈당했던 중국 역사의 최대 수치로 여기고 있다. 현재 중국의 시진핑 주석은 중국몽을 통해 과거의 중화패권주의를 회복하겠다는 의지를 밝히고 있다. 중국의 도전은 유일 패권국 미국의 심기를 건드리게 됐고 현재 미국 대외정책의 핵심은 중국의 부상을 억제하고 미국에 맞설 수 없도록 제한하겠다는 것이다. 유럽과 같은 에너지 혁명, 즉 산업혁명을 제때 달성하지 못했던 중국은 이제는 에너지 패권을 놓고 미국과 전면적인 경쟁을 벌이는 방향으로 나가고 있다.

중국과 서양의 대결에서 봤듯이 한 차원 다른 에너지를 확보하고 이를 활용하는 집단과 그렇지 못한 집단 사이에는 경쟁이 성립하지 않는다. 로마 시대의 갤리선은 사람의 근육의 힘으로 항해했기에 지중해를 벗어나 거친 풍랑이 몰아치는 대서양으로 나갈 수가 없었다. 포르투갈의 왕자 엔리케는 오스만 튀르크가 버티고 선 발칸반도와 소아시아를 지나서는 황금의 땅 인도에 갈 수 없음을 알고 지브롤터 해협을 벗어나 대서양을 나가 아프리카를 돌아 인도로 가는 길을 찾았다. 대서양을 항해하기 위해서는 사람이 노를 젓는 갤리선으로는 헤라클레스의 문이라 불리던 지브롤터 해협을 통과하는 것조차 불가능함을 알고 새로운 배를 설계했다. 바람의 힘을 이용하는 범선, 즉 캐러벨선을 만들었다. 이 배는 삼각돛과 가로돛을 배열함으로써 역풍을 맞고도 전진했고, 무엇보다 바람의 힘을 이용했기에 배의 크기를 크게 만들고 무거운 대포도 실을 수 있었다. 이 역시 에너지 전환의 한 모습이었다. 포르투갈의 뒤를 이어 스페인도 대서양으로 항해를 시작했고 마침내 인류사를 바꾼 대항해의 시대가 열렸다. 이후 유럽인들은 아프리카와 남미 신대륙을 헤집고 다니면서 약탈과 착취를 통해 자신들의 부국강병을 추구했다. 새로운 에너지를 사용하는 유럽인들에 의한 전 세계적 수탈의 시간이었으며 20세기까지 이런 약탈과 침략의 제국주의 흑역사는 계속됐다.

캐러벨선
출처: 위키백과 캡처

서양의 에너지 혁신은 범선에서 멈추지 않고 증기기관을 배에 싣는 방향으로 발전했다. 19세기 초, 땅에는 증기기관차가 등장했고 물에는 기선이 나타났다. 바람의 힘이 아닌 기관의 힘으로 바다를 가르게 되자 계절에 따라 달라지는 바람의 방향에 상관없이 바다를 건너는 것이 가능했다. 이는 국제 무역을 촉진하는 한편 강대국의 식민지 확대에도 크게 이바지함에 따라 제국주의 식민지 경쟁을 부추겼다. 에너지를 더 효율적이고 과학적으로 사용하는 강대국의 힘이 더욱 커지고 패권을 누리게 만들었다. 신기술과 새로운 에너지 활용은 결국 서양 열강들 사이의 해외 식민지 확보 경쟁을 촉발했고 이는 20세기의 두 차례 세계대전으로 이어졌다.

항해술이 발전하고 증기 기선이 대양을 누비게 되자 유럽인들의 세계 수탈은 점점 더 심해졌다. 포르투갈과 스페인은 남미와 아시아에서 막대한 은과 향료를 약탈했으며, 그중 가장 심각한 약탈 대상은 바로 노예였다. 기독교적 세계관에 인종주의가 더해져서 유럽인들은 유색인종을 사람으로 보지 않고 하나의 자산으로 취급해서 매매하기에 이른 것이다. 물론 고대부터 어느 문명에서나 노예는 있었다. 하지만 대항해 시대와 뒤를 이은 제국주의 시대 이전에는 전쟁포로를 주로 노예로 활용했지만, 근대 이후에는 여기에다 종교적, 인종적 차별에 의한 노예제도가 시행됐다. 노예 노동을 기반으로 한 대규모 플랜테이션 농장은 19세기 미국의 남북전쟁 시기까지 이어졌다. 근대를 지나 현대까지 이어진 유럽 열강의 국력은 바로 발달한 에너지 자원을 활용하는 기술을 바탕으로 타 인종과 지역에 대한 착취를 기반으로 만들어졌고, 이때 형성된 소위 선진국과 후진국이라는 구분은 오늘날까지 이어지고 있다. 시대의 패권을 결정짓는 에너지 패권의 중요성이 실감 나는 대목이다.

중동과
석유패권

중동을 분할 점령 했던 영국과 프랑스는 20세기 초에 이란의 광활한 황무지에서 대량으로 묻힌 석유의 밭, 즉 유전을 발견했다. 현대적 의미에서 석유를 최초로 발견하고 생산하고 또 사용하기 시작했던 것은 1850년대 미국의 에드윈 드레이크라는 사람에 의한 것이었다는 사실을 앞에서 설명했다. 따라서 석유 문명의 시대를 열어젖힌 것인 미국인들이었다. 그런데 석유가 가장 많이 매장되고 또 생산이 가장 경제적인 곳이 중동임을 뒤늦게 알게 됐다. 당시 이 지역을 점령하고 있던 패권국은 영국과 프랑스였다.

1908년, 영국인들은 이란의 황무지에서 대규모 유전을 발견했다. 영국은 석유회사 앵글로-페르시아[36)]를 세우고 이란 지역을 독점했다. 이후 제1차 세계대전으로 오스만 튀르크의 영토를 빼앗아 이라크를 독립시켰고, 승전국인 미국, 영국, 프랑스는 이 지역을 포함한 중동의 석유 시추권을 서로 나눠 가지는 레드라인 협정[37)]을 체결했다. 이를 통해서 서양 열강들의 중동 석유 독점과 수탈의 시대가 열렸다. 여기에 참여한 나라들의 석유기업은 영국의 BP, 영국과 네덜란드 합작의 로열-더치 셸, 프랑스의 토달, 그리고 미국의 엑슨모빌 등과 같은 거대 메이저 석유기업으로 성장했다. 세계에서 경제성이 제일 좋고 풍부한 중동의 유전은 서양 열강의 손에 들어갔고, 1950년대 초, 영국에서 독립한 이란의 석유산업 국유화 이후 자원민족주의를 앞세운 중동 각국에 석유산업 국유화가 이뤄질 때까지 이어졌다.

제2차 세계대전 이전 중남미 지역에서는 미국계 메이저의 지배에 대항한 현지 정부의 국유화가 시작됐다. 1922년 아르헨티나, 1938년에 멕시코가 석유 국유화를 단행했고 1951년 이란을 시작으로 사우디아라비아와 쿠웨이트가 1975년에 국유화를 선언했다. 베네수엘라도 1975년에 국유화 대열에 동참했다. 석유 수출국들은 대부분 서양 열강의 식민지 지배를 받던 나라들이었는데, 이들은 석유를 무기화하고 세력화하기 위해 석유수출기구(OPEC)를 1960년에 창설했다. OPEC은 국제 메이저 석유기업이 독점하던 석유 생산과 공급 부문에서 산유국들의 목소리를 내기 위해 결성됐으며, 생산량 축소와 수출금지 등의 석유 무기화에 성공함으로써 국제사회에서 산유국들의 입지를 크게 강화했다.

제1차 세계대전과 석유패권

제1차 세계대전은 작은 에너지 전환이 시작된 때였다. 전쟁 기간 외연기관인 증기기관보다 더 효율적인 내연기관인 엔진 사용이 큰 폭으로 증가함에 따라 에너지도 석탄에서 석유로 변했다. 원래 유럽은 역내에서 생산한 석탄을 주요 에너지원으로 사용했지만, 비행기와 탱크, 그리고 트럭과 같은 신식 장비들이 등장함에 따라 전시 수송 부문부터 에너지 전환이 이뤄졌다. 연합국이던 영국과 프랑스는 미국에서 막대한 양의 석유를 공급받았고 이는 전장에서의 판도를 뒤흔들었다. 말과 증기기관차를 이용한 철도에 전쟁물자 수송을 크게 의존했던 독일은 수송의 효율성과 기동성에서 연합국에 뒤처짐에 따라 전쟁 수행에 어려움을 겪었다. 전투함의 연료 역시 영국과 프랑스는 전쟁 이전부터 석탄에서 석유로 바꿨지만, 독일은 잠수함 등 일부를 제외하고는 이런 에너지 전환을 시작하지도 못했다. 독일은 그 결과 육지와 해상에서 모두 연합군의 힘을 견디지 못했다. 에너지 전환이 전쟁의 승패를 결정

짓는 결정적 요인 중 하나였다.

  전쟁이 끝난 후 본격적인 석유의 시대가 열렸다. 하지만 유럽 본토에는 석유가 거의 생산되지 않았기에 유럽 각국은 외부로부터 석유를 수입했다. 유럽 전역에 고루 분포된 석탄과 비교할 때 석유의 지역 집중도가 심했기 때문이었다. 대표 산유국이자 석유 생산의 선구자였던 미국 역시 전후 자국에서 폭발하던 석유 수요를 충당하기에도 벅차 유럽으로의 수출을 별로 하지 못했다. 이때부터 중동산 석유의 중요성이 본격적으로 커지기 시작했고 중동은 새로운 에너지원 석유 확보와 이를 통한 패권을 노린 세력들의 각축장으로 변했다. 제1차 세계대전 이후 정치적으로 안정된 곳은 영국의 영향권 아래에 있었던 페르시아였고 여기에서 영국은 대량의 석유를 생산했다. 영국인 윌리엄 다아시는 1901년에 페르시아의 석유 이권을 따냈고 영국 해군의 도움으로 1909년에 앵글로-페르시안 석유회사(Anglo-Persian Oil Company)를 설립하고 석유를 생산했다. 그를 앞세운 영국 정부는 페르시아의 석유를 독점했다.

  전쟁 중에 영국은 오스만 제국의 배후를 공격하기 위해 오스만의 지배 아래에 있던 아랍인들을 규합해서 오스만 제국을 공격하게 했다. 당시 일개 부족장이었던 파이살 빈 후세인 빈 알리 알 하세미는 종전 후 영국이 한 아랍의 독립 약속[38]을 믿고 영국의 지원을 바탕으로 아랍 민족 독립전쟁을 일으켜 오스만 제국의 혼란을 유도했다. 영국은 동시에 부유한 독일계 유대인 금융 가문 로

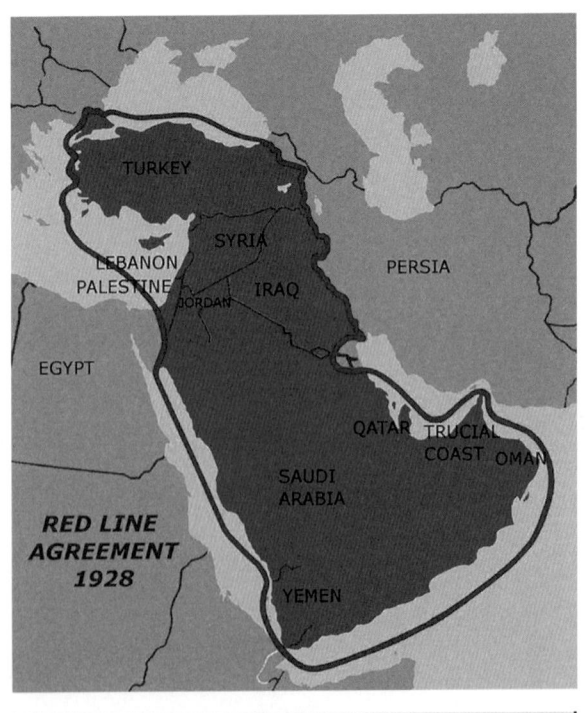

1928년에 그어진 레드라인 협정
출처: 아틀라스뉴스(http://www.atlasnews.co.kr)

스차일드 가문에게도 전쟁 지원을 조건으로 팔레스타인에 유대인 국가를 세워준다는 약속을 했다. 이와 같은 영국의 이중적 모략은 지금까지 이어지는 아랍과 이스라엘 갈등의 원인이다. 전쟁에서 승리한 영국과 프랑스는 오스만 제국의 영토를 분할, 영국은 팔레스타인과 이라크를, 그리고 프랑스는 시리아와 레바논을 차지했다. 물론 아랍인들과 유대인들에게 했던 독립 약속은 지키지 않았고 중동 석유의 패권은 영국과 프랑스가 나눠 가졌다. 영국과 프랑스는 처음에는 미국 석유회사들의 중동진출을 반대했지만, 전쟁 승리에 결정적 역할을 했던 미국의 영향력을 무시할 수 없어서 미국 석유회사들의 사업 참여를 허용하게 됐다. 그 유명한 레드라인은 이때 나라별 석유 이권을 설정한 것으로, 오늘날까지 넘을 수 없는 최후의 양보선을 의미한다.

미국 석유기업들은 상대적으로 영국과 프랑스의 입김이 덜한 사우디아라비아에 진출했다. 이곳에는 석유가 없다고 알려져 있었지만, 미국 텍사스에서 온 걸프사와 캘리포니아의 스탠더드 오일이 사우디와 바레인에서 석유를 발견했다. 이후 미국은 식민 지배자였던 영국과 프랑스를 싫어했던 사우디 국왕 이븐 사우드를 설득, 미국이 사우디의 석유 이권을 가지는 대신 사우디 왕실의 안전을 보장한다는 밀약을 맺었다. 두 나라는 함께 현재 아람코라는 이름으로 널리 알려진 아라비안-아메리칸오일컴퍼니(ARAMCO)를 설립했다.

에너지 패권 경쟁,
세계대전을 다시 일으키다

사람들에게 잘 알려지지 않았지만 제2차 세계대전의 이유 중 하나가 에너지 패권 또는 에너지 안보에 있었다. 제1차 세계대전에 패했던 독일 제국은 황제정을 폐지하고 당시로는 가장 선진적인 민주정치체제를 갖춘 바이마르 공화국으로 변모했지만, 연합국의 무리한 전쟁배상금 부과와 전쟁 패배의 후유증으로 심각한 경제적 고통을 겪었다. 집권 사회민주당의 프리드리히 에버트 대통령은 민주적 절차에 따라 전쟁으로 피폐해진 조국을 재건하고, 프로이센식 군국주의에 함몰된 국가를 개혁하려 했으나, 살인적인 인플레이션과 전쟁 패배감이라는 이중적 고통에 시달리던 독일 국민은 이를 받아들이지 못했다. 때마침 세계를 휩쓴 대공황은 독일의 현실을 더 참혹하게 만들었다. 그 결과 1920년대 독일에서는 공산주의 혁명 움직임이 크게 일어났고, 이에 대한 저항으로 극단적 극우 민족주의 세력도 득세했으며, 이는 나치당의 집권이라는 비극적 결과를 불러왔다.

신화적 게르만 우월 사상을 바탕으로 독일 국민의 감성에 호소함으로써 선거를 통해 집권한 나치당은 미국 대통령 프랭클린 루스벨트 대통령의 뉴딜 정책을 본뜬 국가 주도의 성장 정책으로 신속하게 경제를 안정시켰고 사회 혼란을 잠재웠다. 하지만 나치 지도자 히틀러는 거기에서 멈추지 않고 독일을 유럽의 패권 국가로 키울 소위 '천년 제국'의 꿈을 꿨다. 히틀러와 나치당의 이런 계획에서 가장 문제가 되는 것이 자원과 에너지 문제였다. 후발 산업국가로 애당초 해외 식민지가 영국이나 프랑스보다 턱없이 부족했고, 뒤늦게 확보했던 식민지들도 제1차 세계대전 이후 모두 상실함에 따라 이 문제는 독일의 성장을 가로막는 걸림돌로 작용했다. 따라서, 히틀러는 유럽 대륙에서 자원과 에너지 문제를 해결할 방법을 찾았고, 히틀러의 눈에는 소련에 편입됐던 우크라이나의 곡창 지대와 코카서스의 유전 지대가 들어왔다. 히틀러는 집권하기 전에 저술한 그의 저서 『나의 투쟁』에서 게르만 민족의 영광을 재건하기 위해서는 소련이 차지하고 있던 코카서스 지방의 에너지와 우크라이나의 식량을 확보해야 한다고 주장했다. 그는 이런 생각을 실현하기 위해 집권 직후부터 미리 소련과의 일전을 준비했다. 나치 독일은 소련을 공격하기 위해 사전에 프랑스를 굴복시켜야 했고 이를 위해서는 먼저 폴란드를 침공하는 등 치밀한 전략으로 두 번째 세계대전을 일으켰다.

아시아의 일본 역시 독일과 비슷한 처지였다. 연합국의 일원이었지만 중국의 독일 조차지 일부를 얻은 것 외의 전리품은 없었다. 게다가 전쟁 후 1920년이 되자 일본의 경제 사정이 많이 나빠졌다. 전후의 반짝 성장 이후 급속한 디플레이션이 벌어졌다. 뒤를 이어 1923년 대지진, 1927년의 금융공황 등이 뒤를 이었고 그 유명한 쌀 부족 사태가 벌어졌다. 결정적으로 미국에서 시작된 대공황이 휩쓸고 갔고, 군부는 그나마 입법 민주주의 체제를 유지하던 유명 정치인들을 암살하며 쿠데타를 시도했다. 의회민주주의도 위협을 받았고 권력을 장악하기 시작한 군부의 입김은 커졌다. 군부는 침략전쟁으로 식민지를 확보하는 것이 해결책이라 믿었고, 만주를 침공했다. 비극의 시작이었다.

일본의 궁극적 목표는 인도네시아와 말레이시아 등에서 나오는 석유와 석탄, 철강 같은 에너지와 원자재를 확보하는 것이었다. 하지만 이 지역은 영국, 네덜란드 등 서양 열강의 땅이었고, 이를 위해서는 한판 전쟁이 필요했다. 일본 군부는 내전으로 혼란했던 중국을 단기간에 점령하고 그길로 동남아시아를 석권하려 했다. 하지만 과거 일본의 전통적 우방이었던 미국은 동아시아의 세력균형을 이유로 중국을 지원했다. 장기전의 수렁으로 빠진 중국을 우회해서 동남아시아를 공격할 수밖에 없었고, 미국은 일본의 팽창을 억제하기 위해 일본으로서는 생명줄과 같던 미국산 석유 수출을 금지했다. 일본의 선택은 단 하나, 태평양의 미 해군을 묶어두고 동남아시아를 단시간에 석권하는 것이었다. 이를 위해 벌인 도박이 바로 진주만 공격이었다.

해외 식민지와 자원과 에너지가 부족했던 후발 산업국 독일과 일본은 경제공황을 벗어나고 강대국으로의 성장을 위해 자신들로서는 합리적이라고 판단한 파국적인 결정을 했다. 전쟁이었다. 제2차 세계대전은 이렇게 시작됐고 그 결정적 배경은 자원확보 경쟁, 특히 에너지 자원을 놓고 벌인 대결이었다. 현대의 산업화와 국가의 미래에서 안정적 에너지 공급, 즉 에너지 안보가 얼마나 중요한지를 이 전쟁을 통해서 이해하게 된다.

냉전과
에너지 패권

　제2차 세계대전의 승전국은 미국과 소련이었다. 서유럽 전선을 간단하게 제압한 독일은 소련의 식량과 에너지를 탈취하기 위해 독일이 역사적으로 제일 싫어했던 양면 전선을 만들 수밖에 없었고, 결과는 참혹한 패배였다. 소련의 요제프 스탈린은 아돌프 히틀러와 처음에는 폴란드를 양분했지만, 히틀러에게 완벽하게 속았다는 사실을 프랑스를 점령한 독일군이 소련 국경으로 몰려오는 순간까지 깨닫지 못했다. 스탈린이 히틀러의 『나의 투쟁』을 한 번이라도 읽었다면 제2차 세계대전은 최소한 유럽에서는 막을 수 있었을 것이라는 말도 있다. 소련은 당시 세계 최강 독일군과 4년 동안 혈전을 벌여 수천만의 인명 손실을 극복하고 베를린에 붉은 깃발을 휘날렸다. 제2차 세계대전의 유럽에서는 승전국은 소련이었고, 태평양에서의 승리자는 미국이었다. 두 나라는 각기 동맹국들을 확보했고 세계는 둘로 쪼개졌다.

　미소를 중심으로 동서 양 진영이 대립하던 시기는 이념의 시대였다. 소련은 동유럽을 공산화하고 위성국으로 만든 후 공산주의 혁명의 세계화를 도모했고, 미국은 이에 대항해 동맹국을 규합해 나토를 만들었다. 냉전의 시작과 동시에 벌어진 중국의 국공내전에서도 공산당이 승리했고, 불씨는 한반도로 넘어와 한국전쟁으로 이어졌다. 이후 미국은 유럽과 아시아 양쪽에서 소련의 확장을 막기에 주력했다. 미소 양국은 각자의 동맹국에 현금, 무기, 에너지를 지원함으로써 공산화 확산과 저지를 위해 힘을 기울였다. 미소 대결의 틈바구니에서 제3의 길을 모색했던 비동맹 국가들은 유고슬라비아, 이집트, 인도, 가나, 인도네시아의 등을 중심으로 세력 규합에 나섰고, 국제사회에서 일정한 목소리를 냈지만, 여기에 참여했던 나라들 상당수가 일부는 미국과 다른 일부는 소련과도 밀접한 관계를 맺은 상태였기에 미소 양쪽에 대항하는 독립적인 세력으로 통합되기에는 한계가 있었다.

  냉전 시대에 에너지 패권과 관련된 가장 중요했던 사건은 정치적인 비동맹운동이 아니라 석유수출기구(OPEC)의 출범이었다. 서양 열강의 석유 메이저에 대항하기 위해 1960년 사우디아라비아 주도로 출범한 OPEC의 결성 목적은 석유 수출국들의 이익을 지키기 위한 것이었으며, 특히 1973년 제4차 중동전쟁 당사 석유 감산을 통해 세계적인 오일쇼크를 몰고 오면서 존재감을 과시했다. 하지만 수출국들 사이의 이해관계가 달라 때로는 분열된 모습을 보이기도 하면서 단일 대오 형성에 어려움을 겪기도 했다. 중국과 러시아 같은 산유국들이 빠져 있다는 점도 OPEC의 한계였다. 동서 냉전 기간에는 중동 산유국들의 석유산업 국유화, 이스라엘과 아랍의 대립에 따른 OPEC의 석유 무기화와 같은 현상들은 벌어졌지만, 석유를 비롯한 에너지의 패권화는 크게 드러나지 않았다. 다만 제2차 세계대전 이후 세계적인 경제 호황에 따라 석유를 비롯한 화석에너지의 지나친 사용이 오히려 문제점으로 떠올랐다.

미국 일극 체제와
에너지 패권

　소련의 붕괴는 1980년대 로널드 레이건 미국 대통령의 강력한 소련 질식시키기 전략의 성공이라고 볼 수 있다. 미국은 사회주의 경제체제의 모순으로 그 한계가 드러난 소련을 강하게 압박해 군비경쟁으로 몰아넣음으로써 소련의 몰락을 부채질했다. 레이건 행정부는 스타워즈[39]라고 부르던 SDI(Strategic Defense Initiative, 전략방위구상) 소련의 대륙간 탄도 미사일 공격을 우주 공간에서 원천적으로 봉쇄한다던 전략을 발효함으로써 소련의 대미 대결 의지를 꺾기 시작했다. 소련 역시 SDI에 대응해 폴류스[40]를 진행했지만, 막대한 예산 부담과 기술적인 한계 등의 이유로 실현하지 못했다. 미국 역시 소련이 사라짐에 따라 SDI 계획 추진을 1993년에 중단했다.

　레이건 행정부는 고금리정책을 동원, 국제유가가 대폭락시킴으로써 석유 수출국 소련의 국가재정을 붕괴시켜 소련의 몰락을 유도했다. 미소 패권 경쟁에서 석유와 중동과 사우디아라비아 변수는 중요한 시기마다 결정적인 역할을 했다. 미국은 사우디를 통해 국제유가를 쥐락펴락하며 조절했다. 이는 석유 수출로 국고의 상당 부분을 충당하던 소련을 괴롭히는 좋은 수단이었다. 사우디가 유가 하락을 감수하면서 희생을 해줌으로써 미국은 저유가 정책으로 소련을 흔들었다. 대신 사우디는 미국을 도운 대가로 미국의 든든한 안보 지원을 받았다. 당시 소련의 미하일 고르바초프 서기장은 소련 붕괴 원인에 대해 "사우디아라비아를 너무 몰랐다"라고 했다고 한다.

　소련의 붕괴는 동유럽의 위성국들은 주둔하던 소련군들을 철수로 이어졌고 국제적 역학 관계에서 과거보다 눈에 띄게 위축된 신생 러시아 연방은 더는 미국을 상대로 패권 경쟁을 할 수 없는 위치로 전락했다. 러시아는 공산주의를 버렸고, 소수민족의 독립을 그대로 허용했다. 이는 미국을 상대로 이념 전쟁을 벌일 생각이 없음을 인정한 것이다. 특히 옐친 대통령 재임 기간 러시아는 심각한 경제위기를 겪으며 1990년대와 2000년대에 걸쳐 미국의 힘이 걸프 지역을 포함한 중동 전역을 장악하는 현실을 그대로 앉아서 바라볼 뿐이었다. 미국은 이런 시대 변화의 상황을 적극 이용, 과거 소련의 위성국들이었던 동유럽 국가들을 하나씩 나토에 편입하며 러시아를 압박했다. 걸프전을 시작으로 중동과 동유럽에서 보여준 미국의 압도적 군사력 앞에서 러시아의 입지는 쪼그라들었다. 세계를 놓고 경쟁하던 미국과 소련의 양극체제는 붕괴했고 미국만이 유일한 초강대국으로의 위치를 지금까지 지키고 있다.

이런 역학 관계 변화는 에너지를 둘러싼 패권 경쟁에도 그대로 이어졌다. 미국은 이라크의 쿠웨이트 침공을 이유로 걸프전을 벌였는데, 원수 같던 이란을 상대로 대신 싸워주던 우방국 사담 후세인 대통령이 아랍의 영웅 나세르의 민족주의 노선과 통일아랍공화국 건설이라는 꿈에 젖어 중동의 패권자가 되려 하자 다국적군을 이끌고 침공한 것이었다. 이란을 상대로 미국 대신 싸워주던 동맹국 이라크를 하루아침에 버린 당시의 미국 모습에서 우크라이나와 러시아의 전쟁을 강제로 끝내려는 요즘 미국 모습이 투영된다. 미국의 이라크 침공은 미국으로서는 중동의 석유패권을 차지함으로써 에너지 안보의 기반을 확보할 좋은 기회로 보였다. 세계 최대 에너지 소비국 미국은 이 시기에 중동산 석유 의존도가 매우 높았기에 걸프전을 기회로 중동의 패권을 차지함으로써 에너지 패권도 장악했다.

　걸프전에서 힘을 합친 미국과 사우디 왕조는 1930년대 첫 외교 관계를 수립한 이후 미국은 사우디 왕조의 안전을 보장하고 사우디는 중동 석유의 결제 수단으로 달러화를 인정함으로써 오일달러 패권을 형성해 주는 조건으로 긴밀하게 맺어졌던 관계였다. 이 밀월 관계는 걸프전을 통해서 더 굳건해졌다. 이라크의 쿠웨이트 침공으로 사우디의 안보가 위험에 빠졌을 때 사우디는 미국 주도의 다국적군에 합류, 이라크 공격의 선봉에 섬으로써 두 나라 사이는 한층 더 친밀해진 것이었다. 사우디로서는 중동 패권을 놓고 이란과 경쟁하던 혼란했던 시기에 미국의 중요성을 다시 인식하게 됐고, 미국은 사우디를 축으로 주변의 카타르, 바레인, UAE 등 왕조 국가들과 협력 관계를 강화할 수 있게 됨으로써 상호 의존적이고 보완적인 관계를 유지하게 됐다.

걸프전을 승리로 이끈 조지 부시를 대선에서 이기고 대통령이 된 민주당의 빌 클린턴은 지구상에서 미국에 대항하는 세력이 사라짐에 따라 세계를 하나의 경제공동체로 묶고 미국식 민주주의를 확산하겠다는 야심을 품었다. 클린턴 행정부는 미국의 역할을 민주주의와 무역 확대를 위한 해외 문제 적극 개입과 미국의 민주적 제도를 세계로 확대하고 이를 통해 세계를 문명화하는 다자주의적 관습을 확산해야 한다[41]고 규정했다.

빌 클린턴 대통령은 1993년 9월 UN 연설에서 "우리(미국)는 세상 모든 사람의 의견과 에너지가 온전히 표현되는 세상, 번영하는 민주주의 국가들이 서로 협력하고 평화롭게 사는 세상을 꿈꾼다"라고 말했다. 이는 소련이라는 경쟁자가 사라진 세계에서 미국이 미국적인 문명을 세상에 퍼뜨리며 지구 공동체를 발전시키는 지도자 역할을 하겠다는 생각을 가졌다는 것을 보여준다. 이 시기 이후부터 미국 할리우드 영화에도 미국이 소련과 같은 지구인이 아닌 외계인을 상대로 싸우며 지구를 지키는 영화들이 유행하기 시작했다는 점을 주목해야 한다. 지구상에서 미국의 안보를 위협할 존재는 없다는 미국인들의 생각을 보여준 것이었다.

중동을 장악한 후 미국의 중동산 석유 의존도는 커졌다. 미국의 중동산 석유 의존도는 1980년의 이란 혁명 이후 양국 관계의 단절로 한때 급감해서 1980년대에는 하루 1,600만 배럴을 밑돌았지만, 1990년대에는 꾸준히 증가하기 시작해서 2000년대 초반에는 하루 2,000만 배럴을 넘겼다. 1970년대 미소 양극 시대에도 미국의 중동산 석유 의존도는 매우 높았는데, 1977년 기준으로 미국은 전체 석유의 70%를 OPEC 국가에서 수입했다.[42] 당시 미국은 사우디아라비아는 물론 이란과도 맹방 관계를 유지했다. 미국은 이란의 팔레비 왕조와 사우디 왕조와 비슷한 수준의 관계를 맺고 있어서, 이란산 석유를 싼값으로 수입하는 대신 이란의 안보를 보장해 줬는데, 특히 이란은 소련과 국경을 마주하고 있어서 이란에 주둔했던 미군은 소련의 턱밑에서 소련의 국경을 위협함으로써 소련을 괴롭혔다. 하지만 1979년의 이란 이슬람 혁명으로 미국의 중동에서의 입지는 크게 위축됐고, 이는 이란의 경쟁국 이라크를 미국이 부추겨 1980년부터 8년간의 이란-이라크 전쟁을 유발하는 원인으로 작용했다. 현재 미국과 사우디의 관계는 과거와는 다르지만, 아직도 미국은 전체 석유 수입량의 12%를 사우디에 의존하고 있다.

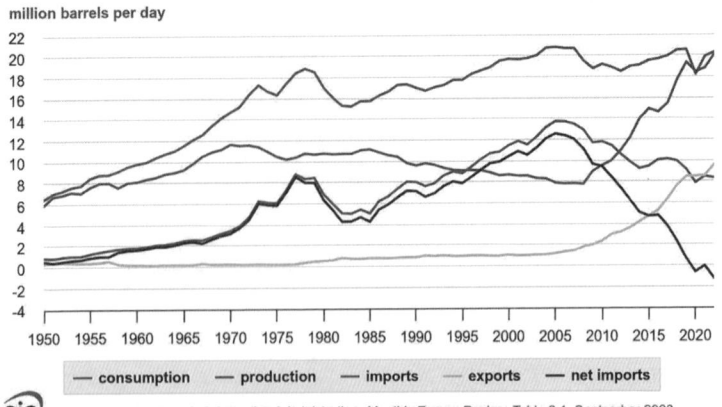

미국의 석유 생산, 수입 통계
출처: 미국 에너지정보국 홈페이지

일극 체제 아래에서의 석유패권은 사우디와의 동맹을 통해 OPEC을 간접적으로 미국이 지배하는 방식으로 나타났다. 사우디를 통해서 국제유가를 들었다 놨다 하면서 적국인 이란의 석유 생산과 수출 능력을 어렵게 만든다는 작전이었다. 미국은 중동을 사우디 중심의 걸프만 지역의 동맹국들과 이란을 중심으로 하는 적대국으로 양분해서 중동을 정치, 군사적으로 지배했다. 9.11 테러를 빌미로 이라크와 아프가니스탄까지 손에 넣음으로써 이란을 완전히 봉쇄하게 됐다.

동맹의
분열

  2001년의 9.11 테러는 미국의 중동 정책을 크게 변화시켰고 동시에 미국 일극 체제의 균열을 불러온 중대한 사건이었다. 알려진 것과 같이 9.11 테러는 19세기 중엽 미국-멕시코 전쟁 이후 처음으로 미국 본토에서 벌어진 외국 세력에 의한 공격이었다. 조지 W. 부시 대통령은 미국 본토 공격과 민간인 희생에 대한 보복으로 테러 조직 알카에다 소탕을 이유로 아프가니스탄을 침공해서 탈레반 정권을 무너뜨린 다음 그래도 분이 풀리지 않는지 이미 걸프전으로 초주검이 됐던 이라크를 대량살상무기 개발을 이유로 다시 침공했다. 아프가니스탄과 이라크를 군사적으로 점령한 미국 정부는 이 두 나라에 미국식 민주 정부를 세우려고 노력했다. 하지만 이는 이 지역의 역사와 문화적 배경을 무시한 시도였으므로 현지에서 환영받지 못했다. 미국이 엄격한 원리주의로 주민을 억압하던 탈레반과, 전쟁을 일삼던 독재자 후세인을 아프가니스탄과 이라크에서 각각 내쫓을 때, 두 나라 국민들은 처음에는 크게 환영했다. 하지만 현지의 문화와 종교적 전통을 무시하고 미국식 민주주의를 강요한 미국의 의도를 파악한 주민들은 반발하기 시작했다. 특히, 미국을 등에 업고 권좌에 오른 두 나라의 새 지도층은 아예 현지에서 태어나지도 않고 외국 생활만 하던 미국의 꼭두각시 같은 사람들로서 현지 주민들과 교감할 수가 없었다. 특히 사담 후세인을 따르던 이라크 정부군의 갑작스러운 해산은 사회적 불만을 일으켰고, 이들은 수니파 이슬람 근본주의 무장세력 IS로 변신했으며, 이슬람 근본주의가 시리아 지역까지 번져나가는 엉뚱한 결과를 낳았다.

2003년의 미국의 아프가니스탄과 이라크 침공은 과거의 걸프전과는 달리 동맹국들의 지지를 끌어내지 못했다. 영원한 미국의 푸들로 비하되는 영국과 영연방국가인 호주만 무장병력을 보내며 적극적으로 나섰지만, 독일을 비롯한 다른 동맹국들은 미국의 침공 명분에 동의하지 않았다.[43] 오히려 미국을 비롯한 세계 석유업계가 조지 W. 부시 대통령을 이용해서 중동의 석유 이권을 차지하려고 한다는 소문이 2000년 미국 대선 때부터 이미 퍼지고 있었다. 부시 집안은 전통적으로 미국 텍사스에서 석유 사업을 통해 부를 축적했기에 이런 음모론은 이라크 전쟁을 전후해서 설득력 있는 설명으로 자리 잡았다.

이라크 침공 당시 미국은 60%가 넘는 석유를 외국에서 수입했는데, 이 현상은 2000년대 후반 미국의 셰일 혁명이 본격화되기 전까지 계속 유지됐다. 그러므로 이라크 침공의 이유는 석유와 중동을 장악하기 위한 전쟁이었다. 중동산 석유는 유럽과 아시아의 핵심 에너지원이므로 중동을 영향권 아래 둔다는 것은 결국 세계의 에너지 패권을 장악한다는 것이었다.

우크라이나 전쟁과
에너지 위기

우크라이나와 벨라루스, 그리고 러시아의 뿌리는 사실상 같다. 9세기 키예프 공국이 세워짐으로써 이 지역에서 최초의 의미 있는 왕국이 나타났고 우크라이나는 러시아보다 먼저 문명을 창조했고 이 지역을 지배했다. 결론적으로 러시아와 우크라이나는 사촌과 같은 공동의 역사를 간직하고 있으며, 이와 같은 역사적 배경은 이후 러시아와 우크라이나 두 민족 사이의 애증 관계를 형성했다. 종교적으로도 두 나라는 모스크바 정교회와 키예프 정교회로 갈라지는 등 가까우면서도 불편한 관계를 형성했다.

소련 최대의 곡창 지대였지만 스탈린의 급진적인 집단농장화 과정에서 대기근 사태를 겪으며 큰 피해를 입은 우크라이나 내부에는 반소 감성이 높았고, 나치 독일의 침공 과정에서 독일군에 협력해서 공산당과 유대인 색출에 앞장섰다. 독일이 물러나면서 우크라이나는 소련으로부터의 독립을 원했지만, 소련 당국은 무력으로 이를 진압했고, 이 과정에서 수많은 인명 피해가 발생했다. 스탈린 사망 이후 우크라이나 출신 여성과 결혼한 니키다 흐르쇼프가 권력을 잡은 후 두 민족의 화해를 이유로 원래 러시아 영토였던 크림반도를 비롯한 동부 지역을 우크라이나 공화국 영토로 양보함으로써 이후 두 민족 사이에 갈등의 불씨를 남겼다. 이와 같은 러시아와 우크라이나 사이의 복잡한 관계는 언젠가는 터질 수밖에 없는 화약이었고, 소련 붕괴 이후 우크라이나는 소련의 공화국 중 가장 먼저 독립을 선언했다. 이는 소련에 속했던 공화국들의 연쇄적인 독립의 시작이었다.

우크라이나에 악감정을 가진 러시아는 과거 영토 회복을 이유로 2014년 우크라이나의 크림반도를 강제적으로 병합했고, 이 사건은 일정 부분 예견이 됐던 일이기도 했다. 2013년 벌어진 친서방 시민혁명[44]으로 친러시아 집권 세력이 쫓겨나고 친미, 친서방 세력이 집권하면서 이를 미국의 음모로 이해한 러시아의 푸틴 대통령은 2014년, 러시아계가 많이 거주하던 크림반도와 동부 도네츠크와 루간스크 지역 일부를 기습적으로 점령했다. 이후 우크라이나는 유럽연합과 나토 가입을 헌법에 포함하고 적극적으로 반러시아 노선을 달리게 됐다. 따라서, 2022년 푸틴의 우크라이나 전면 침공은 사실 일찌감치 예견된 사건이었다. 사실로 확인되지는 않았지만, 1991년 독일의 통일 과정에서 미국과 영국이 동유럽에서의 소련군 철수에 대한 대가로 NATO 동진을 하지 않겠다는 약속을 어김으로써 러시아의 배신감과 불안감 때문에 촉발된 사건이라는 주장도 있다.

러시아의 우크라이나 침공은 그렇지 않아도 코로나 팬데믹으로 어수선하던 국제정세를 더욱 혼란스럽게 만들었다. 러시아는 과거 크림반도 강제 병합 때 보여준 무기력한 우크라이나의 대응을 예상하고 단기전으로 우크라이나 수도 키이우를 점령하고 친미 성향의 젤렌스키 정권을 전복시킨 후 철수할 계획이었다. 하지만 2022년의 우크라이나는 2014년의 우크라이나가 아니었고 유럽연합 역시 이번에는 무기력하게 당하고 있지만 않았다. 이미 우크라이나 정부는 러시아의 군사적 개입을 예상했고 이에 대한 대비책을 준비하고 있었다. 동유럽의 포퓰리스트 젤렌스키는 오히려 러시아가 극구 반대하던 나토 가입을 더 적극적으로 공언함으로 푸틴을 자극했다. 단기 전격전 능력이 부족했던 러시아군의 오판으로 전쟁은 현재까지 4년째 접어들고 있으며, 양측은 광활한 우크라이나 평원에서 소모적인 포격전으로 일진일퇴를 거듭했다. 세계는 러시아군의 전술적 무능함을 이해하는 동시에 우크라이나의 선전과 이를 뒷받침하는 미국과 유럽연합의 경제적, 군사적 지원의 위력을 새삼 느꼈다. 바이든의 우크라이나를 통한 대러시아 대리전을 반대한 트럼프 대통령이 현재 두 나라 사이의 휴전을 위해 노력 중이지만, 미국의 지원을 잃게 된 우크라이나는 휴전에 적극적이지만, 전쟁의 승기를 잡은 러시아는 오히려 소극적으로 대응하고 있어 전쟁의 귀추가 주목된다.

  우크라이나 전쟁의 파장은 유럽과 세계의 에너지 위기로 다가왔다. 탄소중립을 위해 가장 적극적으로 에너지 전환을 추진하던 유럽이지만, 화석연료의 러시아산 의존도는 높다. 2020년 기준 유럽에 공급된 원유의 25.7%, 천연가스의 34.5%, 석탄의 49.1%가 러시아산이었다.[45] 러시아의 우크라이나 침공에 대응하기 위해 유럽연합을 비롯한 국제사회는 러시아의 석유와 천연가스 수출을 제한하는 등 각종 경제 제재 조치를 발동했다. 여기에는 러시아 주요 인사와 기관의 자산 동결, 러시아 주요 은행 거래 정지, 러시아 항공, 선박, 차량의 유럽 국경 통과 금지, 전략물자 수출입 통제, 러시아산 석탄 및 원유 수입 금지, 러시아 방송 상영 제한 등이 포괄적으로 포함됐다. 미국과 유럽연합의 이런 제재에 반발한 러시아는 유럽에 대한 에너지 수출을 축소시켰고 유럽은 서둘러 화석연료의 사용량을 줄이고, 유럽 역내의 노르웨이, 아프리카의 나이지리아 등으로 화석에너지 공급처를 다변화했다. 특히 유럽의 액화천연가스(LNG) 수입량을 크게 늘림에 따라 국제 가스 가격이 급등했다. 이에 따라 국제유가와 함께 가스 가격이 함께 치솟는 예기치 않은 에너지 수급 위기가 발생했고, 그 여파로 각국의 전기요금은 적게는 2~3배에서 많게는 7배까지 치솟았다.[46]

화석에너지 사용과 개발을 줄이는 에너지 전환이 확대되면서 국제적인 자본의 흐름은 이미 화석에너지 산업에서 재생에너지로 바뀌고 있었다. 그 결과 석유 등 화석에너지의 공급량이 줄면서 가격 역시 조금씩 오르고 있었는데, 우크라이나 전쟁으로 러시아산 석유와 가스 공급량이 감소하면서 전 세계는 유가와 가스 가격이 급격히 올라가는 에너지 위기를 맞이했다. 에너지값 급등은 전력산업과 같은 에너지 산업은 물론이고 산업체, 농민, 일반 시민들에게도 큰 부담을 안겨줬고 세계는 전쟁의 빠른 종결만을 기다리며 에너지 가격이 안정되기를 원했지만, 에너지 수출 제재를 받은 러시아는 의외로 타격을 별로 받지 않았다. 러시아는 대러 제재에 동참하지 않은 중국이나 인도 등을 우회[47]해 석유와 가스를 수출함으로써 미국과 유럽연합 중심의 경제 제재를 피해나갔고, 오히려 경제 제재를 벌인 유럽 국가들이 더 큰 타격을 입었다.

우크라이나 전쟁에 의한 에너지 위기를 통해 앞으로도 국제정세의 변화에 따라 에너지 공급의 위기는 언제든지 벌어질 수 있다는 사실을 새삼 확인했다. 1970년대의 두 차례 석유파동 이후 세계는 다양한 방법으로 에너지 수급 불안에 대비하는 방안을 마련해 왔다. 미국과 사우디아라비아의 오일달러 협약은 중동산 석유가격을 안정시켰고 이는 세계 경제의 발전에 큰 도움이 됐다. 특히 1990년 소련 붕괴 이후 미국의 세계 패권 장악은 세계의 에너지 공급과 국제유가 안정은 물론이고 이를 통한 세계화를 통한 무역의 발전과 경제성장의 밑바탕이었다. 하지만 대테러 전쟁의 피로감, 동맹의 분열, 국내 경제 중심으로 정책 전환을 요구하는 국내 여론의 변화, 셰일 혁명에 따른 중동산 석유 의존도 감소, 그리고 대중국 견제로의 국제정책 전환과 같은 파도가 한꺼번에 밀려오면서 미국의 대외정책이 크게 변했다. 그리고 미국의 이런 변화는 다극 체제로의 시대적 전환을 뜻하기도 했다.

혼돈의 세계와
에너지 전환

 이 책을 쓰기 시작하던 2024년에 우리나라는 유례없이 뜨거운 여름을 경험했다. 7월 말부터 시작된 무더위는 9월이 지나도 꺾이지 않았고, 10월 초가 되면서 정상적인 기온을 되찾았다. 유럽에서는 지난 4월부터 평소보다 기온이 높았고, 5월 말부터 미국의 여러 지역에서는 화씨 100도가 넘는 기록적인 고온 현상이 발생했다. 미국 남부 지역은 기록적인 초대형 허리케인 2개가 연이어 강타해 엄청난 인명과 재산 피해를 남겼다. 메마른 캘리포니아 남부에서는 대형산불이 확산했고, 중국의 허베이성 중남부와 산둥성, 허난성, 산시성 남부, 안후이성 북부 등지 지표 기온이 60도를 웃돌았고 일부는 70도를 넘었다고 한다. 기후변화가 이제는 말 그대로 기후위기를 지나 기후재난으로 바뀌고 있음을 모두가 몸소 느끼고 있다. 탄소 배출 증가에 따른 인위적인 지구온난화이든 아니면 태양에서 오는 에너지와 지구 궤도의 변동에 따른 주기적인 기온상승이든 관계없이 지구는 더워지고 있다. 지금의 기후변화가 우려스러운 점은 단순히 온난화에 그치지 않고 겨울에는 폭설과 맹추위가 몰려온다는 점이다. 즉, 지구의 기후가 인간이 그동안 편안히 적응해 왔던 지난 1만 년의 기후에서 다른 모습으로 바뀌고 있다는 것 자체는 명백한 사실이다.

지구가 뜨거워지면서 나타난 또 하나의 현상은 세계적으로 퍼져나가는 산불의 확산이다. 지난 2020년 초 호주 대륙 일대를 몇 달 동안 불태운 산불과 2025년 1월 캘리포니아를 쑥대밭으로 만든 산불 등 요즘의 산불은 발화가 매우 쉽게 일어나고 확산도 기존의 소방대책으로 막기가 어려워진다. 이는 앞에서 설명한 것과 같이 지구 자체가 고온으로 메말라 가는 현상과 함께 대류의 변화로 바람이 거세지는 결과로도 보인다. 우리나라 역시 매년 봄철이면 대형산불의 위기에 직면함에 따라 이에 대한 충분한 대비가 필요할 것이다.

폭염과 함께 우리를 어지럽게 하는 소식은 중동에서 계속 들려온다. 트럼프의 당선에 고무된 이스라엘 네타냐후 총리는 전선을 더욱 확장해 주변의 팔레스타인 세력을 완전히 씨를 말릴 작정이다. 다행히 국제형사재판소(ICC)가 팔레스타인 가자지구에서 인종청소를 벌인 혐의로 네타냐후 총리와 요아브 갈란트 전 국방부 장관에 대해 체포영장을 발부함[48]으로써 이스라엘의 대팔레스타인 전쟁이 얼마나 추악한 범죄행위인가를 국제사회에 선포했다. 물론 친이스라엘 미국은 이를 비난하고, 나머지 세계는 이를 환영하기는 하지만, 이는 이스라엘과 미국의 위신에 찬물을 끼얹은 사건이다. 네타냐후는 국내적으로도 어려움을 겪을 예정이다. 본인이 워낙 부패한 정치인이라서 총리직 사임을 요구하는 시위가 끊이지 않았고 부패 혐의로 기소 받은 상황에서 하마스와의 전쟁을 이유로 재판을 미뤘지만, 이스라엘 법원에서 재판 시작을 결정했기 때문이다. 러시아와 싸우는 젤렌스키와 팔레스타인과 전쟁하는 네타냐후 두 지도자의 공통점은 매우 미국의 지원을 받는다는 것과 부패한 정치인이라는 점이다.

트럼프 취임과 동시에 우크라이나 전쟁은 현 전선 상태를 기준으로 휴전 또는 종전에 들어갈 예정이다. 전쟁을 싫어한다고 공언하는 트럼프는 어쩌면 러시아에 유리한 상태로 이 전쟁을 끝내고 싶어 할지도 모른다. 전쟁을 배후에서 노골적으로 지원했던 바이든 전 대통령은 장거리 미사일과 국제법상 금지된 대인지뢰 사용까지 우크라이나에 허용했는데, 이는 종전 이후 국제사회의 책임을 피할 수 없을 것이다. 미국의 지원이 끊어질 우크라이나는 전 전선에서 수세에 빠질 것이며, 특히 북한군까지 끌어들인 러시아의 승기가 완연해 보인다.

이런 어지러운 뉴스를 접하는 중에도 한 가지 다행인 것은 우크라이나 전쟁으로 치솟았던 국제유가가 2024년에 들어서 안정세로 돌아섰다는 사실이다. 하지만 170년 만의 폭염을 맞이한 끓어오르는 지구의 열기와 우크라이나, 대만해협, 한반도, 그리고 중동을 비롯한 곳곳의 분쟁과 전쟁의 그림자가 다시 언제 폭발할지도 모르는 이 시점에 에너지 위기가 언제라도 다시 찾아올지도 모른다는 두려움이 항상 남아 있다. 이런 살얼음판을 걷는 것 같은 현실을 살면서도 모두의 약속인 시대적 방향성에는 에너지 전환이 있다는 사실을 명심해야 한다. 더러운 화석에너지에서 값싸고 깨끗한 청정에너지로의 방향 전환은 우리가 가야 할 길이다.

제3장

미국 정치와 에너지

셰일 혁명과
에너지 패권

　세계에서 제일 먼저 석유를 상업적으로 생산한 나라는 미국이었다. 미국은 19세기 후반 석유를 생산한 이래 20세기 중반까지 세계 1위의 산유국이었다. 앞에서 설명한 것처럼 제2차 세계대전 당시 유럽의 미국 동맹국들은 미국산 석유로 전쟁을 치렀다. 일본이 진주만을 기습적으로 공격하며 동남아 일대를 침략한 이유 역시 미국의 석유 수출금지 때문에 일본 경제가 붕괴할 위기에 빠졌기 때문이었다. 미국은 아직도 세계에서 석유를 제일 많이 사용하는 나라이다.
　중동을 비롯한 주요 석유 생산국들이 석유를 무기화하기 시작하자 중동을 정치적으로 장악해서 국제석유 가격을 통제하는 쪽으로 정책 방향을 돌렸다. 동맹국 사우디아라비아와의 밀약으로 모든 석유거래를 달러로만 하게 함으로써 페트로 달러 시대를 열었다. 미국과 석유 생산량 1위 자리를 놓고 경쟁하던 소련은 미국과의 패권 경쟁에서 밀리고 또 소비에트 연방이 해체됨에 따라 국제사회에서 석유패권국의 지위를 누릴 수 없었다. 소련의 뒤를 이은 러시아는 소련 연방 해체 이후 1990년대 말에는 중동의 패권을 장악한 미국의 저유가 정책 때문에 석유 수출이 급감했고 심각한 재정위기를 겪었다. 하지만 2000년대 초반을 지나며 국제유가가 회복됨에 따라 경제위기를 간신히 극복하고 석유 수출 수입이 넘쳐났고, 이는 블라디미르 푸틴 대통령의 장기 집권을 뒷받침하는 가장 중요한 이유가 됐다.

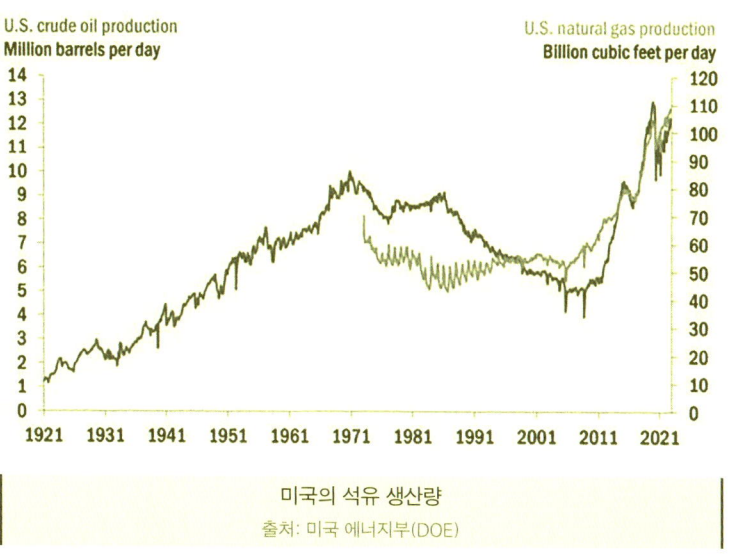

미국의 석유 생산량
출처: 미국 에너지부(DOE)

최근 10년 사이에 세계적으로 셰일가스 혁명이 일어났고 최종적인 승자는 미국이다. 셰일 혁명이란 지하 3km 아래의 셰일층 아래에 묻힌 풍부한 석유와 가스를 생산하게 됨으로써 많은 양의 새로운 유전을 개발하게 된 상황을 한마디로 설명하는 말이다. 셰일층 아래에는 많은 양의 석유와 가스가 매장돼 있는데, 단단한 셰일층을 뚫고 내려갈 기술이 부족해서 2000년대 이전까지는 여기에서 석유와 가스를 뽑아내지 못했다. 그런데 고압의 물을 이용해서 셰일층의 바위를 뚫는 프래킹이라고 불리는 수압파쇄 기술이 개발됨으로써, 엄청난 양의 석유와 가스를 생산하기 시작했다. 이 프래킹 기술은 미국이 개발한 신기술로 현재까지 미국 이외의 나라는 이를 활용하지 못하고 있다. 셰일층 아래의 셰일가스는 중국, 아르헨티나, 미국, 알제리 등에 많이 매장돼 있다고 하는데 현재까지 확인된 매장량만 해도 약 187.5조m^3로, 기존의 전통 천연가스 확인매장량 187.1조m^3(2010년 기준)와 비슷한 수준이니 그 규모를 상상할 수 있을 것이다. 또한, 여기에는 러시아와 중동의 셰일가스 매장량은 아직 확인하지 못해서 포함되지 않았다고 한다. 지금까지 확인된 셰일가스 매장량만으로도 전 인류가 60년을 사용할 수 있는 양이며, 가장 큰 특징은 전통적인 석유와 가스와 달리 세계적으로 고르게 분포돼 있다.

그런데, 셰일가스 매장량이 많다고 반드시 그 나라가 새로운 산유국이 된다는 보장은 없다. 바로 셰일가스를 추출하는 기술과 기후 조건이 매우 까다롭기 때문이다. 현재까지 경제성 있게 대량의 셰일가스를 생산할 수 있는 나라는 미국밖에 없다. 중국이 매장량에서는 앞서지만, 셰일가스 생산에 필요한 수압파쇄 기술이 부족하며, 무엇보다 중국의 매장 지역이 사막에 가까운 지역이라서 셰일가스 생산에 필수적인 수자원이 부족한 것이 결정적인 약점이다. 반면 미국은 이 모두를 다 갖춘 나라이다. 셰일가스 덕분에 미국은 천연가스 수입국에서 일거에 수출국으로 변했다.

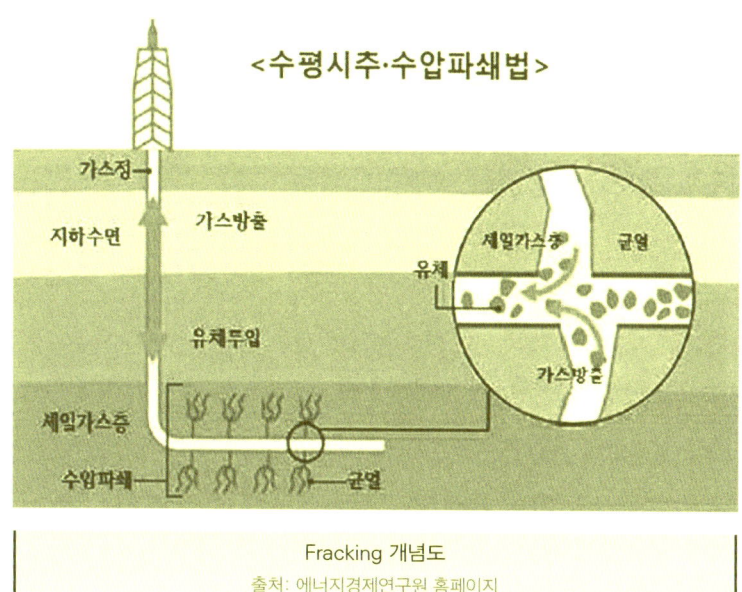

Fracking 개념도
출처: 에너지경제연구원 홈페이지

순위	국가	셰일가스 가채매장량
1	중국	36.10
2	미국	24.41
3	아르헨티나	21.92
4	멕시코	19.28
5	남아공	13.73
6	호주	11.21
7	캐나다	10.99
8	리비아	8.21
9	알제리	6.54
10	브라질	6.40
11	폴란드	5.30
12	프랑스	5.10

국가별 셰일가스 매장량(단위: 조m^3)
출처: 미국에너지정보청(EIA, 2011년 기준)

　미국이 셰일가스를 대량으로 생산함에 따라 국제석유시장에는 대혼란이 벌어졌고, 이를 묵과할 수 없던 석유 강국 사우디아라비아가 미국의 셰일가스 업계를 상대로 전면전을 벌였다. 미국산 셰일가스가 석유시장의 질서를 흔드는 것을 막기 위해 사우디아라비아는 석유 증산을 통해 미국 셰일 업계 죽이기 작전에 들어갔다. 국제유가가 배럴 당 50달러를 넘어야 셰일가스의 경제성이 보장된다는 점을 파악한 사우디아라비아의 대규모 석유 증산에 따라 2014년경에는 국제유가가 40달러 미만으로 떨어졌고, 그 결과 미국 셰일가스 업계에는 연쇄 파산 사태가 벌어졌다. 사우디아라비아와 미국 사이의 이런 석유 증산 치킨게임은 서로 너무 많은 피를 흘림에 따라 적절한 선에서 마무리됐지만, 이때 발생한 두 나라 사이 갈등의 앙금은 향후 석유를 둘러싼 국제정치 질서에 큰 변화를 몰고 오는 계기로 발전한다. 셰일 혁명은 미국을 다시 석유 수출국으로 만들었고, 심지어 석유 생산국 1위의 자리로 미국을 다시 올려놓았다. 미국의 대외정책도 이 셰일 혁명 때문에 크게 변했다. 셰일가스 생산은 1980년대에 시작됐지만, 생산에 투입되는 막대한 비용 때문에 크게 환영받지 못했다. 2000년대 중후반을 지나며 세계적인 경제성장으로 국제유가가 오르기 시작했고, 새로 개발된 수압파쇄 방식으로 셰일가스 생산 비용이 떨어짐에 따라 미국 내의 셰일가스 생산량은 폭발적으로 늘었다.

미국은 중국, 일본, 한국 등 세계 최대 LNG 수입국들이 몰려 있는 동아시아로 시선을 돌렸다. 이동 거리 등 여러 가지 요인을 생각하면, 미국산 LNG는 중동산과 비교하면 분명 가격경쟁력이 있었다. 이런 국제정세를 적극적으로 이용한 미국은 최근 10년 사이에 세계 최대의 LNG 생산국이 됐다. 미국의 천연가스 생산량은 2021년에 전 세계 천연가스 생산량의 23%를 차지했는데, 2위 생산 국가였던 러시아의 점유율은 17% 정도에 머물렀다. 국내 소비량이 많아서 수출국 순위에서는 러시아에 밀려 있지만, 2027년에는 미국을 포함한 멕시코, 캐나다 등 북미 지역이 세계 최대 LNG 수출국[49)]이 될 것으로 전망됐다.

2022년에 발발한 러시아의 우크라이나 침공은 미국에 생각지도 못한 기회를 안겨줬다. 우크라이나 전쟁 이후 러시아산 천연가스 수출이 급감하면서 미국의 유럽에 대한 LNG 수출이 급증했다. 그 결과 2024년 상반기가 되자 드디어 미국이 세계 최대 LNG 수출국이 됐다. 미국의 LNG 수출 증가는 건설 중이던 LNG 터미널이 완공되며 수출량이 증가한 것은 물론이고 유럽을 비롯한 전 세계의 수요가 증가했기 때문이었다. 즉, 결국 우크라이나 전쟁으로 에너지 가격이 치솟는 가운데 유럽이 러시아산 가스 대체재를 찾으면서 미국 가스산업이 활황을 맞이한 것으로 보인다. 에너지 전환에 따른 탈석탄 움직임 역시 최근 몇 년간 미국산 LNG 수출이 비약적으로 증가시켰다.

셰일 혁명을 주도한 미국의 석유업계는 국내 시장은 물론 해외 시장 개척에도 심혈을 기울였다. 셰일 혁명 이전의 전통적인 세계 에너지 시장은 미국, 러시아, 중동이 생산한 석유와 가스를 유럽과 아시아 국가들이 소비하는 구조였다. 하지만 세계 최대 에너지 소비국 미국은 자국의 국제유가가 안정되던 시기에는 자국산 대비 가격경쟁력이 높던 중동과 중남미로부터 많은 석유를 오히려 수입했다. 아시아 역시 중동의 석유와 가스에 의존했고, 유럽은 러시아산 천연가스를 주로 수입했다. 셰일 혁명으로 미국의 에너지 생산량이 폭증하자 미국은 더는 중동산 석유가 필요 없어졌고, 미국은 대중동 정책 자체를 수정했다. 미국의 중동 석유 수입량이 줄자 중동 국가들은 새로운 시장을 찾기 시작했고, 이 과정에서 사우디아라비아와 중국의 관계가 밀착했다. 70년 이상 이어오던 에너지 시장의 판도가 바뀐 것이다.

제1기
트럼프의 시대

2016년 트럼프의 대선 승리는 한마디로 소외된 백인들의 분노 표시였다. 과거 선거에서 민주당과 공화당 양당은 미국 전체 인구의 약 30%를 넘게 차지하는 소수 인종을 자기편으로 끌어들이기 위해 노력했다. 양당의 지지층이 고정된 상태에서 흑인, 히스패닉, 그리고 아시아 출신 유권자들의 마음을 움직이는 것이 승리의 중요한 요건으로 봤다. 하지만 트럼프는 다른 생각을 했다. 유권자의 가장 많은 숫자를 차지하는 백인 중심으로 선거전략을 짰다. 특히, 소외된 백인층, 즉 저학력과 저소득층의 백인들을 집중적으로 공략했다. 그들이 원하는 가슴 속에 숨어 있던 말을 시원하게 함으로써 이들의 지지를 대폭 끌어냈다. 그래서 예상을 깨고 이겼다.

트럼프의 주장은 간단했다. 그의 2016년 대선에서의 주장을 요약하면, "미국은 그동안 세계화라는 이름으로 자유무역과 미국식 민주주의 확산을 위해 앞장섰지만, 유럽과 아시아는 미국의 일자리를 빼앗았다. 불법 이민자들을 수수방관했기에 그들이 미국을 망치고 임금을 낮춘다. 세계 곳곳에 군대를 보내 동맹국들을 지켜주지만, 그들은 제대로 분담금을 내지 않는다. 미국인의 세금이 돈 많은 한국 같은 나라를 지키는 데 낭비된다. 내가 대통령이 되면 이 모든 문제를 바로 잡고 미국을 다시 위대하게 만들겠다"로 할 수 있다.

트럼프의 거침없는 언변에 소외된 다수 백인 유권자들이 반응했다. 선거 직후 CNN이 실시한 출구조사 결과에 따르면, 트럼프 후보는 전국적으로 백인 표의 58%를 획득하여 37%의 표를 얻은 클린턴 후보를 압도했다. 백인 남성의 63%와 여성의 53%가 트럼프 후보를 지지했는데, 특히 대학을 졸업하지 못한 저학력 계층의 백인 남성의 72%와 백인 여성의 62%가 트럼프를 선택했다. 이런 현상은 미국 대선의 승부처로 불리는 경합 주에서 더 두드러지게 나타났는데, 오하이오주에서는 고졸 이하 백인 남성의 70%가 트럼프를 지지했다. 또 다른 중요한 경합 주인 노스캐롤라이나에서는 대학 졸업장이 없는 백인 남성들의 트럼프 후보 지지율은 무려 78%였다.

특히, 소위 말하는 러스트 벨트 지역에서 저학력, 저소득층 백인 유권자들은 트럼프를 적극적으로 지지했다. 이 지역은 노조 조직률도 높은 공업지대이므로 전통적으로 민주당 강세 지역으로 예상됐는데, 세계화와 자유무역 때문에 일자리가 아시아 등 신흥 경제권으로 이동함에 따라 대량 실직을 경험한 곳이었다. 제조업이 붕괴한 이 '러스트 벨트'의 실직 노동자들은 민주당을 버리고 트럼프의 미국 우선주의에 깊이 공감했고 그를 지지50)했다. 미국의 일국 패권국 시절에 미국이 앞장선 세계화의 피해를 본 미국의 안마당 유권자들은 FTA를 비롯한 세계화에 큰 저항감을 가지게 됐고, 반세계화를 내세운 트럼프를 지지했다.

　이렇게 미국 우선주의를 내세운 트럼프 행정부의 에너지 정책을 요약하면, '에너지 지배(Energy Dominance)51)' 정책이다. 미국의 풍부한 에너지 자원, 특히 셰일가스와 석유를 세계로 수출하며 에너지 패권을 확실히 다진다는 뜻으로 풀이된다. 트럼프 대통령은 셰일 혁명으로 석유와 가스 생산이 폭증함에 따라 과거와 같은 석유 수출국으로서의 확고부동한 위치를 점함으로써 세계 에너지 산업의 패권을 장악하겠다는 생각을 숨기지 않는다. 트럼프는 첫 4년 임기 동안 '에너지 지배 전략'에 따라 국제에너지 관계에 직접으로 개입했고, 그 결과 미국의 석유와 LNG 수출량은 크게 늘었고, 미국의 국부 창출에도 이바지했다. 그리고 이를 통해 미국 내 에너지 산업을 발전시켰으며 에너지 가격도 안정시킴으로써 미국 시민들의 일자리를 늘렸다. 트럼프는 기후위기는 날조된 이야기이며 미국의 경제를 파괴하려는 중국의 음모에 의한 주장이며, 대통령에 당선되면 파리기후협약을 폐기하겠다고 공언했다. 트럼프의 파리협정 탈퇴 주장은 전임 버락 오바마 대통령에 대한 반감에서 나왔다. 오바마 전 대통령은 2008년 금융위기 탈출의 한 방법으로 녹색성장을 주창했고, 에너지 전환에 대한 투자 확대를 경제회복의 방법으로 사용했다. 전임자와의 차별을 강조한 트럼프 전 대통령은 취임한 지 약 7개월 만인 2017년 6월 1일 파리기후협약에서 탈퇴를 선언했고, 발효된 지 3년 후에야 탈퇴할 수 있다는 단서 조항에 따라 2020년 11월 4일 공식적으로 파리기후협약에서 탈퇴했다. 트럼프의 에너지 정책은 미국의 석유패권 강화와 신재생에너지 확대 반대, 이렇게 요약됐다.

바이든, 과거로의 복귀

 2020년의 미국 대선에서 트럼프는 민주당의 조 바이든에게 패배함으로써 백악관을 떠났다. 자신의 재선을 굳게 믿었던 트럼프는 선거 결과를 부정했고, 트럼프 지지자들은 미국 역사상 처음으로 연방의회 의사당에 난립하는 폭동을 일으켰다. 이 사건은 미국의 입법기관을 미국 시민이 폭력적으로 공격한 최초의 사건이었다. 세계 최초의 근대적 대통령제 공화국이자 자유민주주의의 종주국이라는 미국인들의 자부심과 미국 민주주의 역사에 씻을 수 없는 상처를 남겼다. 폭동 직후에도 트럼프 당시 대통령은 부정선거를 주장하며 백악관을 떠나지 않겠다고 고집을 부렸지만, 폭동에 대한 책임으로 임기가 얼마 남지 않은 자신에 대한 탄핵안 의회에서 통과되고 자신에 대한 부정적인 여론이 높아지는 한편 동시에 내각과 백악관 핵심 인사들이 줄줄이 사임 의사를 밝히자 결국 백악관을 떠났다.
 바이든 행정부의 정책 기조는 자국우선주의에 빠져 동맹을 무시하고 세계화에 반기를 들면서 스스로 국제사회에서 고립된 미국을 다시 국제사회로 복귀시키는 것이었다. 나토를 비롯한 동맹국과의 관계를 정상화하고, 중국의 팽창에 대항하기 위해 한국 및 일본과의 관계를 긴밀히 맺는 등 미국의 이익만 최우선으로 했던 트럼프 행정부와는 반대 방향으로 움직였다.

바이든 대통령의 에너지 정책의 상징적인 것은 파리기후협약 재가입이었다. 그리고 적극적인 에너지 전환 정책을 꼽을 수 있는데, 2050년까지 미국의 모든 에너지를 청정에너지로 전환한다는 약속도 했다. 눈에 띄는 것이 '그린 뉴딜' 정책으로, 전기자동차 시장 확대 등을 중심으로 100만 개의 일자리 창출을 약속했고, 보조금 지급을 조건으로 한국을 비롯한 전기자동차 생산기지를 미국으로 유도하는 정책 리쇼어링(Reshoring)을 적극적으로 추진했다. 여기에는 태양광과 풍력 등 청정에너지 생산 확대도 포함됐다. 이를 위해 첫 임기 4년 동안 2조 달러를 투자하겠다고 밝혔다.

바이든 대통령의 경제 및 에너지 정책에서 가장 두드러졌던 것이 인플레이션 감축법(Inflation Reduction Act, IRA) 제정이었다. 초기에 제시된 이 법안의 핵심 내용은 코로나19 기간 팽창재정으로 증가한 인플레이션을 줄이기 위해 연방정부의 재정 지출 감소가 주된 내용이었다. IRA에는 에너지 안보 및 기후변화 대응에 관한 내용이 들어 있었는데, 불공정 무역 시비를 일으킬 수 있는 내용들이었다. 북미산 생산품에 대한 세액 공제, 보조금 혜택 요소들과 중국산 광물과 이차 전지 배제가 바로 그 내용으로, 한국, 일본,

유럽연합 등 동맹국들도 이를 강하게 반대했다. 여기에서 우리가 알 수 있는 것은, 트럼프와 바이든 두 대통령과 행정부는 정도의 차이는 있지만, 기본적으로 자국의 국익을 우선하는 방향으로 에너지 정책을 추진한다는 것이다. 트럼프는 전통적인 석유산업을 중시한 반면, 바이든은 친환경 청정에너지로의 전환에 집중했다는 차이가 있었을 뿐이었다.

트럼프의
화려한 부활

2024년 11월의 미국 대선은 사실 예상과는 달리 싱겁게 끝났다. 2017년부터 2020년까지 미국의 제45대 대통령이었던 도널드 트럼프가 경쟁상대였던 민주당의 커밀라 해리스 부통령을 간단하게 꺾고 제47대 대통령으로 돌아왔다. 원래의 선거 구도는 조 바이든 대통령과 도널드 트럼프 전 대통령의 대결이었지만, 바이든은 81세의 고령을 극복하지 못하고 스스로 후보직을 포기했고, 민주당의 내안은 해리스 부통령이었다. 바이든 대통령의 나이가 문제로 떠올랐고, 특히 TV 양자 토론에서 치매 증상까지 보인 바이든의 지지율이 급락하자 민주당 내부에서 후보 교체 요구가 크게 나왔으며, 대선을 불과 석 달 앞둔 시점에 해리스 부통령이 현실적인 대타였다. 여성에다 유색인종, 사회적 약자를 우선시하는 등 전통적인 민주당을 상징하는 인물이었다.

해리스 부통령이 2024년 8월에 시카고에서 열린 민주당 전당대회에서 후보 선출을 수락하는 연설을 할 때만 해도 많은 사람은 해리스의 당선을 낙관했다. 60세의 해리스는 78세의 트럼프보다 무려 18살이 어렸기에 나이 문제에서도 민주당은 공화당에 비해 유리한 입장이었다. 지난 임기 동안 트럼프가 보인 독단적이고 즉흥적인 정치 활동에 불만을 품은 일부 공화당 지지자들은 물론, 심지어 과거의 측근들조차 트럼프에 대한 반대를 공공연하게 선언했고 이는 트럼프 진영을 아프게 했다. 무엇보다 트럼프 전 대통령은 지난 2020년 1월의 미 의회 난입 선동죄를 포함해 모두 91개의 혐의로 기소됨에 따라 사법적 위험도 컸다. 하지만 바이든 행정부의 트럼프 기소는 선거에서 떨어진 상대 후보를 사법적으로 처리한다는 비판을 받았다. 트럼프는 형사 사건으로 기소된 상태로 당선된 미국 최초의 대통령이라는 기록을 세웠으며, 당선 얼마 후 트럼프를 수사하던 특별검사가 갑자기 사임했고, 현직 대통령을 기소하지 않는 법무부 관례에 따라 사실상 특검 기소는 백지화[52]됐다.

선거 직전의 여론조사에서도 열세였던 트럼프 전 대통령 당선의 가장 큰 이유는 이미 2016년 선거에서도 확인됐던 미국 유권자들의 미국 중심으로의 회귀 요구였다. 유일 패권국 미국이 세계를 관리하는 동안 발생한 심각한 재정적자와 무역적자는 미국의 평균적인 시민들의 삶을 피폐하게 만들었다. 세계의 경찰, 민주주의의 수호자, 그리고 자유무역의 선도자 미국이 막상 미국 국민의 삶에는 별로 큰 혜택을 주지 못했고, 미국의 정신인 자유무역이 오히려 미국 노동자가 일자리를 잃게 만듦으로써 결국 미국 중산층의 몰락이라는 원치 않은 결과를 낳은 것이다. 그리고 세계 경영에 지친 미국은 이런 시민들의 강력한 요구로 이제 패권국의 자리에서 스스로 내려오기 시작했다. 바이든의 4년이 백인 유권자들의 마음을 돌리기에는 너무 짧았다. 마치 로마제국의 말기적 현상이 미국에서 되풀이되는 것 같다.

전통적으로 민주당을 지지했던 미국의 주요 노동조합이 해리스를 적극적으로 지지하지 않은 현상도 유심히 살펴봐야 한다. 이는 미국의 노동자 계층이 세계화와 자유화의 피해자로 몰락함에 따라 미국 우선주의를 주장하는 트럼프 지지 세력으로 돌아섰다는 충격적인 사실을 말해주고 있다. 역시 전통적 민주당 지지 세력이던 소수 인종도 이번에는 해리스를 적극 지지하지 않았다. 사실 이번 선거의 가장 큰 패인은 해리스 본인이다. 캘리포니아에서 자수성가한 소수 인종인 여성, 주 검찰총장, 연방 상원의원으로 전형적인 자수성가한 입지전적인 인물이기는 하지만, 그 이상의 서사가 없다. 아직 트럼프와 같이 노련한 인물을 상대하기에는 부족했다. 미국 정치에서 중요한 연설에서도 해리스는 트럼프의 상대가 되지 못했다.

트럼프 지지자들은 겉으로는 크게 드러나지 않았지만, 미국의 주류 중산층 이하 백인, 노동자 계급, 일론 머스크를 비롯한 일부 대기업, 전통적 에너지 산업, 월 스트리트를 위시한 금융권 등이었고 해리스의 지지자들은 서부와 동부 대도시의 고소득층 백인, 소수 인종, 첨단 IT 기업인 등이었다. 트럼프는 선 벨트, 러스트 벨트를 포함한 소위 말하는 스윙 보트 지역[53]을 휩쓸었다. 동시에 치러진 상원 일부 지역과 하원 등 연방의회 선거에서도 공화당은 민주당을 모두 앞질렀다. 의회마저 장악한 트럼프는 2017년보다 훨씬 더 큰 권력을 거머쥐고 백악관으로 돌아왔다. 4년 후에는 더는 출마할 선거도 없는 트럼프는 자신이 지난 임기 때 못했던 일도 모두 추진하겠다는 의욕을 불태운다. 물론 남들의 상상을 뛰어넘는 트럼프는 4년 이후를 또 꿈꾸고 있을지는 아무도 모른다.

제4장

우리나라의 에너지

우리나라의 에너지 현황

우리나라는 에너지의 95%를 수입하는 에너지 빈국이다. 이웃 나라 일본과 유사하게 국내에서는 석유나 천연가스를 전혀 생산하지 못한다. 하지만 중공업과 수출산업을 중심으로 급속한 경제 성장을 이룩했기에 에너지 소비량은 세계적인 수준이다. 2021년 기준,[54] 우리나라는 GDP 순위로 세계 14위이며, 1차 에너지 공급량은 291.8백만TOE[55]로 세계 8위이며, 석유 소비 7위, 전력 소비 6위로 에너지 다소비 국가이다.

우리나라는 석유 대부분을 중동에 의존하고 있다. 에너지경제연구원의 발표에 따르면 2023년 우리나라는 석유 수입량 전체의 72%를 중동에서 들여왔는데, 이는 2022년에 발발한 우크라이나 전쟁 이후 러시아로부터의 석유 수입이 대폭 줄어든 반면 중동 의존도는 커졌기 때문이었다. 반면 LNG 수입국은 다양한데, 호주에서 가장 많은 LNG를 수입하고, 다음으로 카타르, 말레이시아, 오만, 인도네시아, 러시아 순서였다. 이밖에 페루, 파푸아뉴기니, 나이지리아, 브루나이, UAE 등에서도 LNG를 들여왔다. 석탄의 경우 주요 수입국은 호주가 50%에 달하며, 인도네시아, 러시아, 미국 등이 그다음 순서이다. 탈석탄의 영향으로 석탄 수입량은 줄어드는 반면, LNG 수입량이 늘어나는 모습을 보여준다.

  수입한 에너지는 60% 정도가 산업용, 수송 22%, 일반 및 공공용으로 9%, 그리고 가정용 9% 정도로 사용된다. 우리나라는 에너지 다소비·다수입 국가이며, 수입한 에너지의 다수를 산업용에 사용하는 제조업 국가이다. 아래 그림에서 보듯이 우리나라 에너지 소비량의 절반은 석유이고 석탄, 전기, 가스가 그 뒤를 잇고 있다.

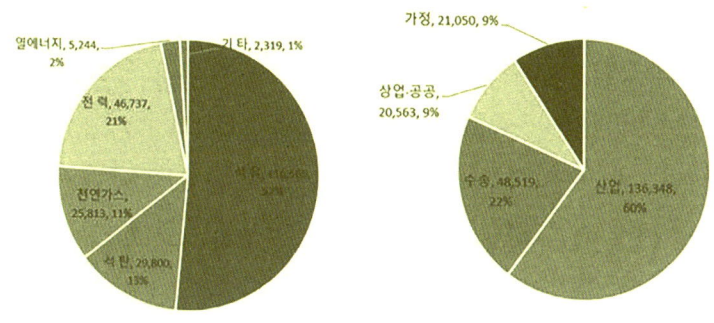

우리나라 에너지 소비 구조
출처: 에너지경제연구원

정부 수립 및 경제개발 시기의 에너지 정책

일제 강점기 시대에는 일본제국의 식민지 수탈과 침략전쟁을 위해 북한 지역에 광산을 개발하는 한편 주요 발전설비도 한만 국경에 인접한 북한 지역에 건설했다. 일제는 전쟁 수행에 필요한 공업 시설을 일부 지역에 세우기는 했지만, 당시 한반도의 주된 산업은 농업이었다. 식민지 조선에서는 일본이 계획적으로 경제개발을 시도할 이유가 없었으며 조선은 일본의 식량 공급지인 동시에 전쟁 수행 물자를 생산하는 곳에 불과했다. 광복 후 이승만 정부는 미국의 구호물자에 의존했는데, 일제가 남긴 얼마 안 되는 기간산업 시설도 한국전쟁 동안 잿더미가 됐다. 이승만 정부는 전쟁이 끝난 1954년에 처음으로 전원개발계획을 수립해 미국의 지원으로 소규모 석탄발전소를 건설하기 시작했다. 특이한 점은 당시에도 경제성이 높은 원자력 발전의 필요성을 이해하고 원전 개발을 위해 한미원자력협정[56]을 제정했다는 점이다.

군사 쿠데타를 일으킨 박정희는 기아선상에서 시달리는 조국의 경제개발을 집권의 명분으로 삼았다. 권력의 정통성이 없던 박 대통령으로서는 수단과 방법을 가리지 않고 경제개발을 해야 했기에, 쿠데타로 무너뜨린 전임 장면 정부가 밑그림을 그려놓은 경제개발계획을 그대로 추진했다. 냉전의 틈바구니에서 공산권과 대결하는 최전선이라는 점을 적극 이용, 미국과 일본을 비롯한 서방 국가에서 경제원조와 차관을 도입했고, 각종 기술도 이진받았다. 박 대통령은 이런 동맹국들의 지원을 적극 활용, 산업화의 기틀을 닦았다. 에너지는 산업화의 필수 요소였기에 석탄을 중심으로 발전설비를 획기적으로 확대했고, 이를 위해 국내 광업도 함께 발전시켰다. 이 과정에서 전력설비는 비약적으로 늘었다. 그리고 1970년대의 두 차례에 걸친 석유파동을 겪으면서 에너지 정책의 핵심을 안보에 맞췄고, 해외자원개발 정책도 적극적으로 추진했다. 현재까지 이어지는 우리나라 정부의 에너지 정책의 골간은 박정희 정부 시절에 기초가 마련됐다.

역시 군사 쿠데타로 집권한 전두환 대통령은 미소 경쟁 가운데에서 무난한 시대를 맞이했다. 앞에 서술한 바와 같이 미국은 사우디의 석유 증산을 이용, 소련을 경제적으로 압박하고 있었고, 그 덕분에 국제유가는 매우 낮은 수준에 머물렀다. 저유가 시대와 저금리 시대 동안 인플레이션을 우려해 대규모 설비투자는 하지 않은 반면, 늘어나는 전력수요를 맞추기 위해 전력설비 건설은 활발히 진행했다. 현재 가동 중인 원자력과 대형 화력발전소 상당 부분이 전두환 정부와 뒤를 이은 노태우 정부 시절에 건설됐다.

세계화, 자유화, 그리고 녹색성장

김영삼 대통령의 문민정부는 세계화의 흐름에 따라 규제 완화와 자유화를 시도했다. 경제기조 역시 OECD 가입 등 세계적인 흐름에 따른 개방화로 이어졌다. 에너지 정책의 전담 부처를 동력자원부에서 상공자원부로 재편했는데, 이는 기존의 에너지 안보와 개발에 치중했던 에너지 전담 부처와 산업개발 부처를 통합하는 모습이었다. 에너지를 전담하던 동력자원부를 없앤 이유는 1980년대와 1990년대 초반의 국제에너지 가격이 안정됐기 때문에, 에너지 수급에 문제가 없다는 판단 때문이었다. 그리고 환경에 대한 사회적 관심도 높아지던 시기였기에 환경과 에너지 문제도 함께 정책에 반영됐다. 기후와 환경에 관한 문제가 커짐에 따라 에너지 효율화를 통한 에너지 절약 관련 정책도 확대됐다.

최초의 평화적 정권교체로 출범한 김대중 정부의 에너지 정책의 핵심은 시장화와 자유화였다. 유럽과 미국을 중심으로 전력 및 가스산업 시장화가 진행됐고, 김대중 정부 역시 전력산업구조개편이라는 이름으로 자유화를 시작했다. 전력산업을 독점하던 한전 분할을 위한 특별법을 제정하고 그 1단계로 2001년에 한전의 발전 부문을 6개 자회사로 쪼개 도매시장경쟁을 시작했다.

김대중 정부의 뒤를 이은 노무현 정부의 에너지 정책의 근간은 에너지 안보, 효율성, 친환경 등 3개가 핵심 과제였다. 노무현 정부는 친환경 정책을 바탕으로 에너지 정책을 구상했지만, 에너지 수급의 안전성을 중시하는 부분에서는 기존 정부의 정책을 그대로 계승했다. 다만, 김대중 정부가 시작했던 전력산업 자유화는 2단계 민영화 정책이던 한전의 배전분할 계획을 폐기함에 따라 전력산업의 민영화와 시장화를 중단했다.

정권교체를 통해 집권에 성공한 이명박 정부는 전통적인 개발정책의 시각에서 에너지 문제를 바라봤다. 특히 해외자원개발에 역점을 기울였는데, 이는 에너지 안보를 확충하자는 뜻에서 시작됐지만, 단기간에 걸친 무리한 정책 추진으로 성공적이지 못했다는 평가를 받았다. 개발과 동시에 환경 문제를 중시한 녹색성장을 에너지 정책의 근간에 둔 것도 특이했다. 가장 인상적인 성과는 우리나라 역사상 최초로 중동에 원자력발전소 수출을 성공한 사건이었다. 이명박 정부 당시의 해외자원개발은 정책 입안 과정에서 너무 무리한 계획이 수립됐지만, 시대적 변화를 잘 읽은 적절한 정책이었다. 다만, 5년 단임제 정부의 한계로 정책 추진의 연속성이 부족한 국내 현실과 국제 자원과 에너지 산업의 환경변화를 조율하기 어려운 부분이 아쉬움으로 남았다. 중국의 일대일로 사업처럼 해외자원 및 에너지 개발 사업은 긴 호흡을 가지고 정권교체 등의 정치적 변수에 영향을 받지 않게 장기적인 계획 속에 진행해야 했지만, 5년 단임 대통령의 조급함 때문에 정책적 실패를 불러왔다.

박근혜 정부의 에너지 정책의 핵심은 안정적인 에너지 시스템 구축이었다. 여기에도 전통적인 에너지 안보에 관한 내용이 크게 포함돼 있었다. 그리고 전임 이명박 정부의 무리한 해외자원개발에 대한 재평가를 진행해, 해외자원개발의 내실화를 추진했다. 에너지 복지 확대와 후쿠시마 원전 사고에 대한 반면교사로 원전 안전성 강화도 강조했다.

탈원전과 친원전

문재인 정부의 에너지 정책의 핵심은 과감한 에너지 전환이었다. 특히 NDC[57] 40과 2050 탄소중립[58] 선언은 이 약속이 우리나라의 현실을 고려하면, 과연 실현 가능성이 있는가를 놓고 많은 논란이 있었지만, 에너지 전환의 세계적인 흐름에 뒤처지지 않기 위한 노력의 일환이었다. 문재인 정부는 원자력발전도 단계적으로 줄인다는 방침을 세우고 설계수명이 30년을 초과한 월성원전 1호기와 고리원전 1호기 운영을 중단하는 한편, 신규 원전 건설계획을 백지화하는 탈원전 정책을 추진했다. 대신 원전산업의 생태계 유지를 위해서는 원전 해체산업과 기술을 육성하고 해외 원전시장 개척은 계속 진행하겠다고 했다. 동시에 탈석탄 정책도 추진했는데, 신규 석탄화력발전소 건설계획을 취소하는 동시에 노후 석탄발전소 퇴출에도 역점을 두었다.

문재인 정부는 재생에너지 확충에 앞장서 2030년까지 전체 전기의 20%까지 재생에너지로 생산하겠다는 계획을 발표했고, 탄소포집기술 등 에너지 전환 정책을 확대해 2050년까지 배출하는 온실가스의 양을 0으로 만들겠다고 약속했다. 문재인 정부의 이런 과감한 탄소 배출 억제와 에너지 전환, 석탄과 원자력의 축소는 재생에너지 자원이 부족한 우리나라의 현실 속에서 목표 달성 가능성에 대한 여러 회의적인 시각이 있었음을 부정할 수는 없다.

윤석열 정부의 에너지 정책은 전임 문재인 정부의 에너지 정책을 그대로 뒤집어 놓은 것과 같았다. 윤석열 정부 에너지 정책의 핵심은 '기후변화 대응', '에너지 안보 강화', '에너지 신산업 창출을 통한 튼튼한 에너지 시스템 구현'이다. 이를 실현하기 위해 5대 정책 방향을 제시했는데, 실현이 가능한 합리적인 에너지 믹스의 재정립, 튼튼한 자원·에너지 안보 확립, 시장원리에 기초한 에너지 수요효율화 및 시장구조 확립, 에너지 신산업의 수출산업화 및 성장 동력화, 에너지 복지 및 에너지 정책의 수용성 강화를 제시했다. 윤석열 정부는 탄소중립의 국제적 흐름에 동참하되, 우크라이나 사태 등으로 유발된 에너지 공급망 불안에 대응하기 위해 국제적으로는 에너지 공급망을 다변화하고, 국내적으로는 원자력 발전 비중 확대를 선언했다. 특히 전임 문재인 정부가 원전을 단계적으로 폐쇄하기로 한 정책과는 정반대의 길로 들어섰는데, 2030년까지 원전의 비중을 전체 전력 생산량의 30% 이상으로 확대하기로 했다. 이를 실천하기 위해 문재인 정부가 취소한 신한울 원자력발전소 3호기 및 4호기 건설을 다시 추진하기로 했다. 특히 윤석열 정부는 문재인 정부의 월성1호기 조기 폐쇄 결정 과정에서 월성1호기 가동중단의 중요한 이유였던 계속 가동에 따른 경제성 분석을 고의로 조작했다고 주장하며, 당시 주무 부처였던 산업통상자원부의 담당 공무원들을 고발하기도 했다. 이는 윤석열 정부의 에너지 정책의 핵심이 원전 확대에 있었음을 보여준다.

  이상에서 살펴본 것과 같이, 우리나라 역대 정부의 에너지 정책에서는 에너지 안보가 매우 중요한 요소였음을 알 수 있다. 이는 화석에너지 대부분을 외국에서 수입하는 대한민국의 현실에서 1970년대의 혹독했던 석유파동의 경험에서 나온 당연한 결과로 보인다. 다만, 구체적 실천 방안에서는 역대 정부가 처했던 시대 상황에 따라 조금씩 차이를 보였다. 그리고 모든 역대 정부는 기후위기에 대한 대응이 시급해진 시대적 상황에서 탈탄소와 신재생에너지로의 전환이라는 시대적 명제를 구현하기 위한 노력도 기울였다. 다만 세부적인 내용에서는 상대적으로 진보적인 정부는 재생에너지 확대에 초점을 맞추고 있는 데 반해 상대적으로 보수적인 정부는 원전에 더 관심을 보이는 차이가 있었다.

미래의 에너지는 전기로 수렴하나

에너지 전환은 누구도 부정하지 못할 시대의 사명이다. 에너지 전환은 항상 있었다. 근육의 힘에서 화석연료로, 화석연료에서 다시 재생에너지로 에너지가 변하기 때문이다. 오늘날의 에너지 전환의 이유는 이것이 기후위기를 이기는 유일한 방법이기 때문이다. 산업혁명 이후 화석연료 과잉 사용이 지구를 온실화했고, 정상적인 대류 현상을 방해함으로써 촉발된 지구온난화가 결국 인류의 문명을 파괴할 수도 있다는 두려움 때문이다. 물론 기후위기가 너무 과장됐다는 비판론도 있고, 심지어는 트럼프와 같이 기후변화 자체를 부정하는 사람들도 있다. 하지만, 국제사회는 기후의 위기와 이에 대한 대안인 에너지 전환에 동의하고 있다. 미국의 물리학자이자 기후과학자인 스티븐 쿠닌은 기후과학이 사람들이 생각하는 것보다 훨씬 정확도가 떨어지며, 현재 기후과학에서 사용하는 모델을 근거로 지구온난화가 사실이라고 믿기에는 기후과학의 근거가 부족하다[59]고 주장하기도 한다. 하지만 이런 '기후위기 회의론자들'의 주장은 많은 사람의 인정을 받지 못하고 있으며 기후변화는 무서운 공포로 다가왔다.

대표적인 청정에너지인 태양광, 태양열, 풍력 등은 기본적으로 자연의 힘을 이용해서 전기에너지를 생산한다. 광기전 효과를 이용하는 태양광 발전소는 햇빛이 반도체를 통과할 때 벌어지는 화학적 작용으로 전기를 만들고, 풍력발전기는 바람이 발전기를 돌리면서 전기가 나오는 단순한 구조이다. 태양열은 태양의 열을 모아서 물을 끓여 이를 에너지로 사용한다. 바다의 파도와 조수간만의 차이를 이용하는 해양에너지 역시 최종적으로 전기에너지로 변한다. 즉, 친환경 재생에너지의 귀결점은 전기가 된다. 이를 단순하게 표현하면 모든 에너지의 전기화(電氣化, Electrification)이다.

2022년 기준으로 세계 최종에너지 소비의 13%가 재생에너지로 채워졌다. 재생에너지 생산량은 계속 늘고 있으며, 비록 전체 에너지 소비량에서 차지하는 비중은 줄어들지만, 화석연료 석유와 석탄 소비도 늘어난다. 이는 단기적으로는 코로나 팬데믹 시대의 침체기에서 빠져나와 경제가 회복했음을 보여준다. 산업 부문이 세계 최종에너지 소비의 34%를 차지했으며, 그 뒤를 이어 건물(30%), 운송(26%), 기타(6%), 농업(3%) 순서로 에너지를 소비했다.[60] 산업 부문 에너지 소비량 중 17%는 태양광과 풍력과 같은 재생에너지였다.

기후위기가 본격적으로 인류의 문제가 되기 시작한 이래 재생에너지에 관한 관심은 폭발적으로 늘었다. 세계적으로 보면 2010

년 이후 적극적인 재생에너지 확대 정책에 따라 태양광과 풍력발전이 크게 늘었고, 이에 따라 전력 생산 비용도 하락했다. 일부에서는 재생에너지로 생산하는 전력 가격이 화석에너지로 생산하는 전력 가격보다 싸지는 현상이 벌어지기 시작했다. 그 결과 전체 전력 생산에서 재생에너지 비중이 급증, 2023년에는 전체 전력 생산량의 30%를 차지했다.

세계의 주요 투자은행은 화석에너지 부문에 대한 투자를 중단하기 시작했고 이는 석탄으로 대표되는 전통적인 발전소 건설 신규 프로젝트 취소는 물론이고 운영 중이던 석탄발전소 조기 중단으로도 이어졌다. 하지만 재생에너지 생산 환경은 나라나 지역별로 차이가 나기 때문에 태양이나 풍력 자원이 부족한 곳에서는 천연가스를 에너지 전환의 대안으로 선택하는 현상도 늘었다. 그 결과 천연가스 생산과 이를 운반하기 위한 LNG 생산설비와 파이프라인 건설도 늘었다. 가스는 석탄과 비교해 대기오염물질 배출이 낮기는 하지만 탄소 배출 자체를 완전히 없앨 수는 없기에 에너지 전환 중간 단계의 에너지원이라는 평가를 받는다.

결론적으로 보면, 기후위기로 인한 화석에너지 퇴출과 재생에너지로의 전환은 세계적 추세이며 이 현상은 시간이 갈수록 더 심해질 것이다. 그리고 재생에너지 대부분은 전기를 만드는 방식으로 활용될 것이므로, 시간이 갈수록 1차 에너지인 석탄과 석유, 그리고 가스를 직접 연소해서 얻는 에너지 사용량보다 2차 에너지라고 불리는 전기에너지 사용이 늘어날 것은 분명하다. 세계는 인공지능 사용 확대 등 디지털 전환의 시대로 달리고 있다. 이 디지털 전환에는 필연적으로 전기가 필요하다. 전기 사용량은 앞으로도 급속히 늘어날 것이며, 전기의 중요성은 시간이 갈수록 커져만 갈 것이 분명하다.

우리나라의
전력산업

 오늘날과 미래 에너지의 핵심은 전기이다. 전기에너지의 가장 큰 장점은 깨끗하고 안전하다는 것이다. 기본적으로 모든 에너지원은 연소하는 과정에서 에너지를 발생한다. 이 과정에서 열도 나고 연기도 나고 심지어 각종 오염물질도 나온다. 그러나 전기는 그렇지 않다. 가정의 주방에서 가스레인지를 사용할 때와 인덕션을 사용할 때를 비교하면 된다. 가정이나 사무실에서 사용하는 거의 모든 에너지원은 전기이다. 전등, TV, 컴퓨터, 스마트폰 등 모두 전기를 에너지로 이용한다. 현대 문명은 전기 없이 불가능하다.
 그런데 1차 에너지를 태워서 만드는 전기는 가공한 에너지이며, 이 과정에서 일정한 손실이 생긴다. 화석연료를 태워 전기를 만들면 많게는 70%에서 적게는 40% 정도의 에너지가 사라진다. 가장 효율이 높은 복합화력발전기의 경우 100이라는 가스를 태워서 60 정도의 전기를 만든다. 하늘에서 내려오는 태양에너지도 전기로 바꾸면 효율이 20~30% 정도 된다. 물론 이런 에너지 효율의 문제는 기술이 발전할수록 개선되겠지만, 2차 에너지인 전기는 아직 1차 에너지보다는 비효율적이다. 하지만, 오늘날 에너지 전환은 천연 무탄소 에너지원을 전기로 전환해서 사용하자는 전제에서 출발한다.

우리나라의 전력 생산설비의 총합은 150GW 규모이며, 여기에는 화력, 원자력, 재생에너지 등 모든 설비가 다 포함된다. 2023년에 이 설비들이 생산한 전력의 양은 617테라와트시(TWh)로 세계 8위[61] 규모이다. 그만큼 우리는 많은 전기를 생산하고 소비하는 에너지 다소비 국가이다. 전체 전기 소비의 54%는 산업용이 차지하는데, 이는 우리나라의 경제구조가 제조업 중심임을 보여준다. 경제 선진국이고 역시 제조업 강국인 프랑스와 독일이 9위와 10위로 우리보다 전기를 덜 사용한다.

2024년 기준으로 발전원별 비중을 보면, 원전이 32.5%로 가장 높았고 LNG 29.8%, 석탄 29.4%, 신재생 6.9% 순서로 나타났다. 윤석열 정부의 원전 발전 확대 정책에 따라 원전의 비중이 제일 많이 늘었고, 탈석탄 기조에 따라 LNG가 석탄을 처음으로 추월한 것도 특징이었다. 외국에서 수입하는 LNG가 가장 빠른 속도로 늘어나는 이유는 수명 종료로 가동이 중단되는 석탄발전소를 가스 발전소가 대체하기 때문이다. 다음으로 신재생에너지[62] 발전원이 31GW 정도인데, 전체 발전설비에서 차지하는 비중은 20%가 조금 넘지만, 실제로 소비자에게 전기를 공급한 비율은 7%에 머물렀다. 이는 전기를 실어 나르는 공급망인 전력선로가 부족해서 생기는 현상이다.

원자력은 총 26기가 가동되고 있으며, 설비용량은 25GW 정도 된다. 이 통계를 놓고 보면 우리나라의 신재생에너지 발전원이 상당한 규모로 설치된 것으로 보인다. 하지만, 문제는 이 중 대부분을 차지하는 태양광 발전설비들이 전력을 판매하는 한국전력과의 송배전 계통선로 연결망 부족으로 실제 소비자에게 전달되는 전기가 전체 전력 소비량의 7% 정도에 불과하다는 것이다. 세계적인 에너지 전환의 흐름을 고려하면, 재생에너지 설비 확충에 못지않게 전력을 수송하는 송배전선로 확대가 매우 시급하다. 전기를 잔뜩 만들어 놓고도 길이 없어서 못 파는 어이없는 현실이 바로 우리가 처한 에너지 산업의 현실이다.

전력산업구조개편과
미완의 개혁

현재 우리나라의 전기공급 의무자는 한전이다. 그래서 전력산업을 독점산업이라고 부른다. 그렇지만 속 내용을 들여다보면 한전의 독점은 2001년부터 사라졌다. 2001년 4월, 한국전력의 발전 부문이 6개 자회사로 분리되면서 소위 말하는 전력산업구조개편이 시작됐다. 당시 세계적으로 확산하던 전력산업구조개편은 자연독점 사업으로 여겨지던 전력산업에 경쟁체제를 도입하고자 1980년대부터 영국에서 시작된 자유화, 민영화, 규제철폐를 주된 내용으로 한 전력산업의 급진적인 변화였다.

1970년대 이후 경제위기를 겪던 영국을 구원한다는 구호로 집권에 성공한 마거릿 대처 보수당 당수는 총리로 취임하자 처음 시작한 일이 과감한 구조개편이었고, 첫 번째 대상이 정부가 독점하던 전력산업이었다. 그 이유는 경제성이 떨어지던 국영 탄광을 폐쇄함으로써 노동당의 막강한 지지 세력이던 광산노동조합의 힘을 빼기 위한 것이었다. 당시 영국의 국영 석탄발전소들이 국영 탄광의 석탄 대부분을 소비했다. 마침, 북해에서 가스 유전이 대규모로 발견됐고, 대처 총리는 석탄발전소를 폐쇄하고 값싼 북해산 천연가스발전소를 새로 건설하면 전기요금도 낮추고 광산노조도 무력화시킬 수 있다는 사실을 알아차렸다.

잉글랜드를 중심으로 하는 영국의 전력회사를 발전소와 송배전으로 나누고 경쟁체제를 도입한 후 하나씩 민영화함으로써 민간자본을 끌어들이는 것이었다. 영국식 구조개편이라고 불린 이 전력산업 자유화는 단기적으로 성공[63]이었다. 석탄 대신 가스를 사용하고 발전소 사이의 경쟁을 붙이니 전기요금은 낮아졌다. 그리고 대처가 바라던 대로 탄광노조도 무너졌다. 이후 영국식 분할과 민영화는 전력산업은 당연히 독점이라는 관념을 파괴하고 전 세계로 퍼져나갔고, 당시 미국 대통령 로널드 레이건과 영국 총리 대처가 밀어붙인 신자유주의 개혁의 핵심으로 자리를 잡았다.

김대중 정부는 이 영국식 개혁을 우리나라에 도입했고, 여러 논란 끝에 특별법[64]의 국회 통과 후 정부는 2001년 한전의 발전 부문을 6개 자회사로 쪼갠 후, 하나씩 해외 매각을 포함해 민영화한다는 계획을 수립했다. 하지만 2004년, 구조개편의 다음 단계였던 한전 배전 부문의 분할과 민영화에 대한 노동조합과 시민사회 세력의 반대를 노무현 정부가 수용함에 따라 현재 우리나라의 전력산업은 발전은 민간발전회사와 한전의 자회사가 복수 경쟁을 벌이는 반면, 송배전과 판매 부문은 한전이 독점하는 구조로 20년이 넘게 유지되고 있다. 당시 노무현 정부의 결정에는 미국 캘리포니아와 캐나다 온타리오, 그리고 호주 빅토리아주와 같이 영국식 급진적 자유화가 벌어진 지역에서 대규모 정전사태를 비롯한 시장의 실패가 큰 영향을 미쳤다. 우리나라보다 먼저 자유화를 추진한 실패 사례에 대해 시민사회단체와 한전 노조를 비롯한 노동계가 청와대를 적극적으로 설득한 결과였다.

 하지만, 이와 같은 발전 경쟁, 송배전 독점이라는 모순된 구조는 우리나라 전력산업의 발전을 저해하는 요소로 많은 비판을 받고 있다. 특히 에너지 전환의 시대에 이와 같은 불완전한 구조를 개편하자는 목소리는 높아지고 있는데, 과거 독점 한전 시대로 돌아가자는 주장과 20년째 하지 못한 송배전 부문의 자유화를 마무리하자는 주장이 뒤섞인 상태로 정부는 최종적인 결정을 하지 못하고 있다. 인공지능 산업의 발달에 따라 특정 지역의 전기수요 폭증, 수도권 집중에 따른 송전망 포화상태, 그리고 계획적인 에너지 전환 정책 추진 등 산적한 과제를 안고 있는 우리나라 전력산업의 현안을 해결하기 위해서는 이에 대한 명확한 정책 수립이 필요하다.

공급망 위기의
시대

현대에는 모든 제품의 원료부터 완성품까지 혼자서 생산하는 기업은 없다. 삼성전자가 만드는 스마트폰은 지구촌의 여러 곳에서 온 원재료, 부품 등이 함께 조합을 이루고 있고, 완제품 생산도 해외에서 이뤄진다. 이렇듯 세계 경제가 성장할수록 서로 의존하는 부분이 커진다. 제품 생산에 필요한 원료와 부품 등을 만들고 공급하는 공급망은 시간이 갈수록 복잡해진다.

그런데 얼마 전부터 사람들은 공급망 위기가 세계 경제의 발목을 잡는다고 걱정하기 시작했다. 인공지능의 발달에 따른 전력수요 증가와 설비 확충, 전기자동차 보급 확대로 배터리 수요 폭증 등과 같이 주요 광물자원의 수요는 늘어나지만, 이들 주요 광물의 생산지는 특정 지역에 몰려 있음에 따라 품귀 현상도 벌어진다. 특히 2020년에 세계로 퍼진 코로나19로 인한 물류 이동의 중단과 2022년 러시아의 우크라이나 침공과 자국중심주의의 확산에 의한 자원민족주의 확대 등을 살펴보면 앞으로도 공급망 위기는 커져만 갈 것이다. 이미 세계 경제에서 무역이 차지하는 비중이 70%를 넘고 이 국제교역의 80% 가까이가 원자재와 부자재 등을 교환하는 공급망이라는 사실을 보면 보호무역과 자원민족주의 강화에 따른 공급망 불안은 모두에게 나쁘게 작용할 것이다.

UN의 자료에 따르면 2023년은 전 세계에서 제2차 세계대전 이후 가장 복잡한 분쟁이 발생한 해라고 한다. 여기에는 오래된 분쟁 지역인 수단과 미얀마의 내전과 우크라이나 전쟁 및 이스라엘과 팔레스타인 분쟁도 포함됐다. 국제정치 전문가들은 또 다른 분쟁 가능 지역으로 중국과 대만 사이의 긴장과 한반도를 꼽고 있다. 동아시아의 이런 긴장은 만약 불이 붙게 되면 그 어떤 지역보다 더 폭발력이 크므로 세계인들의 시선을 끌고 있다. 이런 화약고 같은 국제정세 속에서 특히 대외무역 의존도가 절대적으로 높은 우리로서는 공급망 안정을 걱정하게 된다.

미국과 중국의 갈등 역시 국제정세를 위태롭게 만들고 있다. 글로벌 금융위기를 지나며 미국의 국제적 위상은 추락하기 시작했고, 중국은 이 기회를 놓치지 않고 말 그대로 굴기했다. 미국으로서는 중국의 부상을 막기 위해 대외정책의 초점을 동아시아로 돌렸고, 이 현상은 트럼프 정부를 지나고 바이든 정부에까지 이어졌다. 백악관으로 되돌아온 트럼프는 대중국 압박 정책을 계속 밀어붙이고 있으며, 특히 희토류 등 전략 광물의 중국 의존도를 줄이려 노력한다. 중국은 신재생에너지 발전에 필요한 필수 설비와 첨단 방위산업 등에 필요한 17가지 광물 제1위 생산국[65]인데, 전 세계 희토류의 80% 이상을 공급한다. 세계의 패권을 놓고 벌이는 미중 사이의 갈등은 희토류 등 주요 광물의 공급망을 크게 위협할 수도 있다.

세계무역의 80%가 바닷길로 이어진다. 미국이 세계의 패권을 장악하고 미국 해군이 세계의 바다를 지배하는 동안 해상통로는 안전했고, 미국이 주도한 세계화의 자유무역은 안전한 바닷길을 통해서 가능했다. 하지만 최근 들어 이 바닷길이 불안해지고 있으며 이는 세계 공급망의 병목현상을 일으킨다. 2021년에 수에즈 운하에서 발생한 사고는 단순한 이유에서 생긴 일이지만 6일 동안 운하를 마비시켰고 유럽과 아시아를 이어주는 해상통로를 막았다. 해운 물동량이 늘어나는 이 시대에 이와 같은 일이 발생할 확률은 커진다. 물동량 증가는 컨테이너 부족 현상을 불러오고 비용도 올라간다. 세계 주요 항구의 시설 노후화와 부족도 물류의 자연스러운 순환에 장애가 되고 있다. 주요 항구에는 화물 선적을 기다리는 배들이 줄지어 대기 중이다. 또한, 항만에서 화물을 싣고 내리는 인력도 부족하다. 물류 기술은 발전하고 비용도 내려가고 있지만 이와 같은 복합적 이유로 공급망의 위험은 계속 커진다.

유럽과 아시아를 위협하는 수에즈 운하와 홍해의 지정학적 불안은 세계무역과 공급망 안전을 크게 위협한다. 이스라엘과 팔레스타인의 전쟁은 언제 다시 불붙을지 모르고, 어디로 확대될지도 모른다. 아직은 전쟁의 불길이 전체 중동 지역으로 번지는 일이 억제되고 있지만, 앞으로도 꺼지지 않는 불씨는 계속 남아 있다.

수에즈 운하와 북쪽의 호르무즈 해협이 전쟁의 불길 아래로 들어가면 해상 물류의 상당 부분은 아프리카를 돌아서 우회해야 할 것이며, 이로 인한 비용상승과 운송 시간 연장은 세계 경제에 큰 타격을 줄 것이다. 친이스라엘 입장이 분명한 트럼프 행정부가 이 문제를 어떻게 해결할지 세계인들의 관심이 몰리고 있다.

시아파 후티 반군이 위협하고 있는 홍해 지역의 불안정은 해상 운송의 위험을 높인다. 친이란 무장세력인 후티 반군은 사우디아라비아와 분쟁 중이며 자신들의 존재감을 높이기 위해 이 해역을 지나는 상선들을 납치하거나 공격하는 도발을 벌인다. 이 지역의 해상 위험이 커지면 상선들은 홍해를 우회해서 더 먼 길을 돌아가야 하고 이는 물류비용을 높이고 결과적으로 공급망의 원활한 흐름을 방해하는 주요 요인으로 작용한다.

세계에서 무역이 크게 발달한 아시아 쪽으로 넘어오면 가장 위험한 지역이 대만해협이다. 대만의 독립을 주장하는 민주진보당이 집권하는 한 일국양제(一國兩制)[66]를 주장하는 중국 정부와의 대립은 계속 진행될 것이다. 만약 중국이 대만을 침공할 경우 미군의 개입도 가능하므로 향후 두 강대국 사이의 직접적인 충돌도 예상된다. 대만은 국제사회에서의 고립에도 불구하고 스스로 중국의 일부가 아닌 독립국임을 표방하고 있으므로 별도의 독립선언이 필요한 것은 아니다. 최근 대만 정부는 영문 국호를 Republic of China에서 Republic of Taiwan으로 바꿨는데, 이는 대만이 중국의 일부가 아니라 독립적인 국가라는 사실을 선언[67]한 것과 같다.

대만해협이 전쟁터로 변하면 이곳을 통과해서 한국과 일본으로 향하는 무역선의 뱃길은 끊어지게 된다. 대만해협에서의 미중 무력 충돌은 상선들은 필리핀 해상 쪽으로 크게 우회해야 하는데, 단순히 이동 거리가 멀어지는 문제가 아니라 이 지역 안보의 틀을 무너뜨리게 된다. 주일미군과 주한미군은 대만을 지키기 위해 출동할 것이며, 우리나라는 한미상호방위조약에 따라 이 전쟁에 개입해야 할 수도 있어 보인다. 이는 단순한 물류나 공급망 위기를 떠나 세계질서 자체를 뒤흔드는 사건으로 발전할 가능성이 매우 크다.

제5장

트럼프 시대와 에너지 안보

에너지 안보란
무엇인가

전통적 의미의 에너지 안보(Energy Security)를 '한 국가가 경제적이며 신뢰할 수 있는 에너지를, 환경과 조화를 이루며, 증가하는 사회·경제 및 군사적 필요를 뒷받침할 만한 공급을 확보하는 것'이라고 정의한다. 국가를 정상적으로 유지하기 위해서는 필요한 에너지가 있고, 이를 적절한 수준에서 안정적으로 확보하는 것이 에너지 안보이다.

에너지 안보의 일반적 의미는 개별 국가가 존속하기 위해 적절한 자연에너지를 확보하는 것이다.[68] 1970년대 온 인류가 겪은 두 차례의 석유파동은 걱정 없는 에너지 사용을 보장하는 에너지 안보의 중요성을 깨우친 사건이었다. 민간 에너지기업들의 연합체인 세계에너지협의회(World Energy Council, WEC)는 지난 2013년 대구에서 열린 2013 세계에너지총회에서 에너지의 핵심적인 정체성을 정의하는 데 있어서 안보(Security), 형평성(Equity), 지속 가능성(Sustainability)이라는 세 가지 서로 상충하는 개념을 제시했다. 여기에서 형평성은 지불 가능성(Affordability)으로도 사용할 수 있는데, 적절한 비용으로 에너지를 사용할 수 있는가를 평가하는 기준이다.

WEC는 매년 세계 대부분의 나라를 위의 세 가지 기준으로 계량화해서 점수를 발표하는데, 국가의 정책 방향이 세 기준 중의 어느 한쪽을 만족하면 다른 부분이 손상을 입게 되므로, 이 세 꼭짓점 기준을 '에너지 삼중고(三重苦, Energy Trilemma)'라고 이름 지었다. 처음에는 낯설었던 에너지 트라일레마는 이제는 보편적으로 사용되는 개념으로, 한 나라의 에너지 정책이 얼마나 균형 잡혀 있는가를 보여주는 척도로 활용된다.

WEC가 매년 발표하는 에너지 트라일레마 인덱스에서 우수한 성적표를 받는 나라들은 주로 유럽 국가들인데, 에너지 전환을 적극적으로 추진하고 있다는 공통점이 있다. 또 이 나라들은 태양광과 풍력과 같은 천연에너지원도 풍부한 동시에 다른 나라와 국경을 맞대고 있기에 필요한 경우 화석연료로 생산한 전기도 수입하기도 쉬운 나라들이다. 스웨덴, 독일, 핀란드, 스위스, 영국 같은 나라들이 주로 상위권에 속한다.

우리나라의 경우 전기요금을 비롯한 에너지 가격을 정부가 강력하게 통제하면서 물가정책과 연계해 낮은 수준에 묶어둠에 따라 형평성 부문에서는 점수가 좋지만, 무리한 국가 개입의 비효율성과 함께 에너지 전환의 지연에 따라 지속 가능성에서 낮은 점수를 받는다. 그리고 화석에너지 수입에 크게 의존하고 있고 자체

생산하는 신재생에너지 자원의 수준이 낮으므로 에너지 안보에서도 점수가 낮다. 아시아권에서는 중국, 뉴질랜드, 일본이 한국보다 높은 점수를 받고 있다.[69]

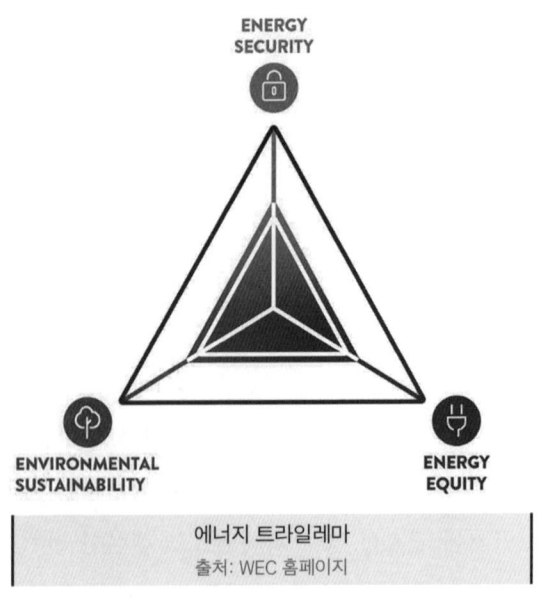

에너지 트라일레마
출처: WEC 홈페이지

에너지 안보를 보장하기 위해서 국가는 우선 필요한 에너지 자원을 장단기적으로 확보해야 하며, 이를 국가 전체에 적절하게 공급되도록 보장해야 한다. 에너지 자원이 풍부한 나라는 자국 내의 에너지 소비를 충당하는 것은 물론, 에너지 수출로도 부를 축적할 수 있다. 미국, 러시아, 캐나다, 사우디아라비아 등이 대표적인 국가들이다. 반면 부존자원이 부족한 에너지 빈국들은 에너지 수입선을 확보하고 공급의 차질이 없도록 외교적, 경제적 노력을 아끼지 말아야 한다. 우리나라, 대만, 일본, 유럽의 일부 국가들이 여기에 속한다. 특히 석유와 천연가스 같은 화석에너지원들은 매장 분포가 특정 지역에 몰려 있기에 세계는 에너지 부국과 그렇지 못한 나라들로 나뉘어 있고, 이들은 상호 긴장감 속에서 적당한 선에서 거래 관계를 유지하고 있다.

1997년 교토의정서를 시작으로 2015년 파리기후협약에 이르기까지 전 지구적 의제로 등장한 기후변화 대응은 탈탄소로 맞춰졌다. 급격한 기후변화를 막기 위한 인류 공동의 과제로 설정된 지구 온도 낮추기 운동은 국가별 탄소중립 선언, RE100 확산 등으로 전개되고 있으며, 이는 에너지 분야의 새로운 질서이다. 이 과정에서 탈탄소를 빨리 실현하고 재생에너지 개발에 앞선 나라들이 향후 패권을 차지할 가능성이 커졌다. 즉, 오늘날에는 에너지 안보와 패권을 확립하는 방법의 하나로 에너지 전환이 중요하다는 말이다. 문제는 나라별로 처한 환경이 다르기에 에너지 전환 실천에도 속도가 다르다는 점이다. 예를 들어 RE100은 원래 민간 부문의 협약에서 시작했지만, 머지않은 장래에는 탈탄소를 달성하지 못한 기업이나 국가들에는 무역장벽으로 작용할 수도 있다. 탄소국경조정이나 탄소세 등의 장벽은 에너지 전환을 실천하지 못하는 기업과 나라의 경제성장을 가로막는 걸림돌이 될 수 있다. 에너지 전환의 속도 경쟁에서 패하는 국가는 결국 에너지 안보를 위협받게 된다.

에너지 패권의 다른 측면은 제1차 및 2차 세계대전을 지나며 국제 정치무대에서 가장 큰 패권국으로 등장한 미국 외교정책의 변화이다. 미국은 제2차 세계대전 이후 공산주의 진영에 대항하는 자본주의 세력의 맹주로서 브레턴우즈 체제의 달러 패권과 세계 각지에 주둔한 미군의 군사력으로 세계질서를 장악했다. 공산권의 붕괴로 냉전체제가 막을 내리자, 미국은 세계 유일의 패권국이 됐다. 미국은 동맹국 사우디아라비아와의 공조를 통해 오일달러 체제를 확고부동하게 확립했고 동시에 전 세계 에너지 시장의 질서를 유지했다. 세계의 바다를 장악한 미국의 해군력은 자유무역을 활성화하는 데 크게 이바지했고, 이 과정에서 중국을 비롯한 동아시아의 경제는 눈부신 성장을 기록했다. 하지만 중국의 급격한 성장에 위기감을 느낀 미국의 21세기 초반 대외정책은 대중국 견제로 돌아섰다.

모든 나라는 에너지 안보를 위한 대책을 준비하고 있다. 중동산 석유 의존도가 높았던 미국은 중동을 정치적, 군사적으로 장악함으로써 에너지 안보를 확보했다. 하지만 셰일 혁명 이후 중동 의존도가 크게 낮아진 미국은 이제 세계의 화약고 중동에서 발을 빼고 있다. 반면 중국은 정반대 입장이다. 중국은 그동안 군사적, 정치적 능력의 부족으로 미국 주도의 중동정세를 인정하며 조심스러운 입장이었지만, 갈수록 중동산 석유와 가스 의존도가 높아지는 중국으로서는 미국의 빈자리를 채워 에너지 안보를 확보하고 싶을 것이다.

미중 패권과
우리의 에너지 안보

미국과 중국에 이어 세계 3위권의 에너지 소비지인 유럽연합은 역내에서도 많은 에너지를 생산하지만, 총소비량에는 미치지 못함에 따라 상당 부분을 러시아에 의존해 왔다. 그러나 우크라이나 사태 이후 러시아로부터의 파이프라인 가스 수입이 대폭 감소했고, 단기적으로 에너지 수급 불안을 경험했다. 그 결과 유럽연합은 중동산 LNG 수입 확대 등 에너지 도입선 다각화, 에너지 효율성 증대를 통한 소비 축소, 재생에너지로의 에너지 전환 강화 등과 같은 탈러시아 전략을 수립[70]했다. 유럽연합 역내에서는 재생에너지, 원자력, 석탄, 천연가스 순서로 에너지가 생산되지만, 역내 수요를 만족시키지 못하기에 많은 에너지를 수입에 의존한다. 주로 석유, 천연가스, 석탄을 수입에 의존한다.

중국은 세계에서 가장 많은 에너지를 소비하는 국가 순위에서 미국과 어깨를 나란히 하는 한편, 세계에서 네 번째로 석탄을 많이 가지고 있는 에너지 대국이다. 중국의 1차 에너지 소비 중 석탄이 56%로 압도적이다. 그 뒤는 석유가 18.5%, 천연가스 8.9%, 수력 7.4%, 풍력 3.5%, 원자력 2.5%, 바이오 2%, 태양광 1.1% 순이다. 막대한 양의 석탄을 가지고 있으면서도 국내 에너지의 절반 이상을 석탄에 의존하고 있으므로 국내의 생산량이 소비량을 따라가지 못하며 몽골, 미국, 말레이시아 호주를 비롯한 해외 수입에도 크게 의존한다. 지나친 에너지원의 해외 의존을 타파하기 위해 중국 정부는 에너지 정책의 주요 추진 방향[71]으로 에너지 안보 확보와 에너지 생산과 공급 확대, 에너지 믹스 개선, 과학기술 자립자강 가속화, 에너지 관리감독 강화, 그리고 에너지 국제협력 확대 등을 제시했다.

구분	1위	2위	3위	4위	5위	6위	7위	8위	9위	10위
1차에너지 (백만TOE)	중국 3,196.4	미국 2,230.8	인도 919.4	러시아 759.3	일본 426.0	독일 302.1	캐나다 297.6	브라질 287.0	한국 282.3	이란 265.7
석유소비 (백만 톤)	미국 844.4	중국 619.8	인도 235.1	일본 175.6	사우디 157.3	러시아 149.3	한국 121.7	브라질 108.9	독일 106.0	캐나다 104.8
전력소비 (TWh)	중국 6,833.1	미국 4,288.8	인도 1,309.4	일본 1,012.8	러시아 999.4	캐나다 572.1	한국 571.9	독일 567.8	브라질 538.4	프랑스 480.4

자료 : World Energy Balance 2020(IEA), Statistical Review of World Energy 2020(BP)

국가별 에너지 소비량
출처: 한국에너지공단 신재생에너지센터 '2020 신재생에너지백서'

이렇듯, 급변하는 국제정세와 에너지 수요 증가 등에 대비하기 위해 세계 주요 국가들은 에너지 안보를 에너지 정책에서 가장 중요한 부분으로 인식하고 있다. 특히, 현재 세계의 패권을 장악하고 있는 미국과 현실적으로 유일하게 미국에 도전할 가능성이 있는 중국과의 기술과 에너지 패권 경쟁은 날이 갈수록 커질 것이다. 이와 같은 숨 가쁜 국제환경 속에서 양대 강국의 틈바구니에 낀 우리로서는 에너지 안보를 확보하기 위한 깊은 고민이 필요하다.

세계 각국의
에너지 안보 전략

 2020년 초부터 세계를 강타했던 코로나 팬데믹은 세계 물류의 흐름을 중단시켰고 상호 의존적이던 자유무역 시대에 공급망 위기가 얼마나 무서운 일인가를 깨닫게 했다. 코로나19가 진정되고 세계 경제가 정상을 찾아가던 2022년에 러시아의 우크라이나 침공은 다른 측면에서 공급망 위기를 불러왔다. 바로 에너지였다.

 유럽의 러시아 의존도는 높다. 2020년 기준 유럽에 공급된 원유의 25%, 천연가스의 34%, 석탄의 50%가 러시아산[72]이었다. 2022년 2월, 러시아의 우크라이나 침공으로 유럽 각국은 대러시아 제재를 위해 러시아산 에너지 수입을 중단했다. 러시아 역시 이에 대한 대응으로 유럽으로의 에너지 수출을 줄였다. 그 결과 파이프라인 가스를 비롯한 에너지 가격은 급등했고, EU 국가들은 서둘러 화석연료의 사용량을 줄이고, 노르웨이, 아프리카, 중동 등으로 공급처 다변화를 추진했다.

 기후변화 문제가 대두되기 시작한 1990년대부터 유럽 국가들은 이미 에너지 수요 감축과 재생에너지 확대 등을 추진해 왔는데, 2010년과 2020년 사이에 에너지 사용량을 10% 정도 줄였다. 같은 기간 재생에너지 비중은 6% 정도 늘었다고 한다. 영국은 풍력 에너지, 독일은 태양광과 풍력 등 다양한 방법으로 에너지 전환을 확대했다. 우크라이나 사태는 유럽 국가들의 에너지 전환을 더 서두르게 하는 결과를 낳았다. 러시아산 가스 의존도를 낮추고 국내에서 값싼 비용으로 재생에너지를 더 생산하는 것이 경제적인 동시에 에너지 안보 확보에도 도움이 된다는 것이다. 유럽의 이런 결정은 우리에게도 많은 시사점을 던져준다.

중국은 세계에서 가장 많은 신재생에너지 설비용량을 이미 확보한 상태이며, 신재생에너지 전력 생산량 역시 세계 최고 수준이다. 통계에 따르면 중국의 신재생에너지 발전량은 전 세계 신재생에너지 전체 발전량의 30%에 육박한다고 한다. 2060년 탄소중립을 선언한 중국은 2022년 기준으로 1.1조 달러를 에너지 전환 관련 사업에 투자했다. 후발 주자로 시장에 뛰어들었지만, 중국의 전기자동차 업체들은 세계 전기자동차 시장을 흔들고 있다. 세계에서 가장 많은 에너지를 생산하고 미국 다음으로 많이 소비하는 중국은 국내의 석유와 석탄으로 수요를 충족시키지 못하기에 적극적인 에너지 전환을 통해 에너지 안보를 확보할 생각이다. 특히, 잠재적 패권 경쟁국 중국을 견제하는 미국의 위협은 에너지 자립을 달성하지 않고서는 극복할 수 없다는 사실을 중국 정부는 잘 알고 있다.

중국은 세계에서 가장 많은 원자력발전소를 짓고 있다. 중국원자력업계협회가 발간한 '중국원자력발전보고서 2024'에 따르면, 현재 중국의 원전은 모두 55기로, 미국, 프랑스에 이어 세계에서 세 번째로 많은 원전을 가동하고 있다. 전체 설비용량은 57GW라고 하는데, 이 가운데 33기가 세계원전사업자협회(WANO) 평가에서 만점을 받을 정도로 운영 상태도 매우 우수하다. 중국은 현재 원전 26기를 건설하고 있는데, 93기를 가동 중인 미국은 최근 완공한 신규 원전 2기 이외에는 건설계획이 없다. 미국은 수명이 다한 원전은 계속 폐기할 계획이므로, 조만간 중국이 세계 최대 원전 가동 국가가 될 것이다. 중국이 신재생과 원전을 적절히 섞으며 에너지 전환을 추진하는 것은 에너지 자급률을 높이는 것은 물론이고 미세먼지 등 환경 개선이 시급히 필요함을 일찍 깨달았기 때문이다. 이런 신재생에너지와 원전 확대는 최근 중국의 대기오염을 크게 줄였다.

셰일가스 혁명을 이룩한 미국은 에너지 안보에 대한 고민이 별로 없다. 오히려 세계 최대 LNG 시장 동아시아로 수출량을 늘릴 계획이며, 미국 연방정부 역시 셰일가스를 둘러싼 환경 논란을 잠재우고 일자리 창출과 경제 활성화를 이유로 가스 생산량 확대를 추진 중이다. 산유국 미국은 과거와 같이 중동을 정치적, 군사적으로 장악하고 페트로 달러를 통해 석유시장을 주무를 필요성을 더 느끼지 못한다. 셰일 혁명 초기에 사우디아라비아와의 사이에 벌어진 치킨게임으로 셰일 업계가 출혈이 있기는 했지만, 이 싸움은 결국 양쪽이 물러서는 선에서 마무리됐고, 이 시점 이후 사우디아라비아는 수출선을 중국으로 변경하면서 미국과 일정한 거리를 두고 있다. 이런 미국과 사우디아라비아의 전통적 동맹의 균열은 다른 차원에서 미중 패권의 경쟁을 불러올 것으로 보인다.

우리나라와 같이 화석에너지 대부분을 수입하는 취약한 에너지 구조를 가진 일본은 2023년 7월, 화석에너지에서 청정에너지로 전환한다는 녹색 전환(Green Transformation)을 뜻하는 GX 추진 전략을 발표했다. GX 전략의 목표는 탈탄소라는 세계적 흐름에 맞춰 에너지 안보를 더 강화하겠다는 것으로 에너지 전환 과정에서 국제 경쟁력을 갖추겠다는 내용을 담고 있다. 2050년까지 탄소중립을 실현하겠다는 일본 정부는 이를 위해 첫째, 안정적 에너지원 확보, 둘째, 탄소가격제 도입, 셋째, 국제협력 강화, 넷째, 사회 전반에 대한 GX 추진 등을 하겠다고 했다. 일본의 GX 정책의 최우선 목표는 에너지 안보를 위한 안정적 에너지원 확보이고, 이를 위해서 재생에너지, 원자력에너지, 수소를 비롯한 신에너지 등을 적극 개발하고, 수요 측면에서는 에너지 효율성 향상, 제조업과 수송 부문 에너지 전환, 탈탄소 투자 확대 등을 추진하겠다고 한다.

기후위기와 공급망 불안이라는 위험을 동시에 안고 있는 세계 각국의 에너지 정책의 핵심은 안정적인 에너지 공급망 확보와 에너지 전환으로 요약할 수 있다. 안정적인 에너지 공급망 확보는 기본적으로 중국처럼 해외로 나가 직접 자원개발을 하는 방법도 있고, 기존의 편중된 공급망을 넓혀 불안 요소를 줄이는 방법도 있다. 이 두 경우 모두 외교력과 군사력, 그리고 경제력이 함께 바탕이 돼야 하며 장기적인 계획이 필요하다. 국내적으로는 화석에너지 의존도를 줄이고 자연에서 공짜로 얻을 수 있는 천연에너지 사용을 늘리는 정책을 확대해야 한다. 짧은 시간 안에 결과를 얻기는 쉽지 않지만, 재생에너지 확대는 에너지 안보를 구축하는 가장 확실한 선택이기 때문이다.

트럼프 2기 정부의
에너지 정책

　미국의 대통령 선거는 일반적인 예상과 달리 도널드 트럼프 전 대통령의 일방적인 승리로 끝났다. 트럼프의 싱거운 승리를 놓고 많은 평가가 앞으로 나오겠지만, 가장 중요한 사실은 미국 유권자들은 트럼프를 원했다는 것이다. 트럼프 지지자들의 요구를 한마디로 압축하면 미국 정부가 세계의 경찰이 되지 말고 미국 시민들을 위해 일하라는 것이다. 그리고 지난 2017년부터 2020년 사이에 트럼프가 대통령이던 시절로 돌아가자는 것이기도 하다. 그러므로 백악관으로 돌아온 트럼프의 정책은 과거 제45대 대통령일 때의 트럼프 행보를 되돌아보면 쉽게 예상이 된다.

　트럼프는 우방국, 적성국을 가리지 않고 무차별 관세 폭탄을 날린다. 국경을 맞댄 캐나다와 멕시코 같은 이웃 국가들에도 관세를 매긴다. 북미자유무역협정으로 한 나라와 같았던 이웃들에게도 불공정을 외치며 세금을 부과하는 것이다. 캐나다를 51번째 주로 편입시키겠다, 파나마 운하를 다시 빼앗겠다, 그린란드를 강제병합 하겠다는 식의 막가파식 주장으로 모두를 놀라게 하고 있다.

자세히 들여다보면 트럼프의 이런 무차별적 행동이 꼭 틀린 것은 아니다. 미국은 세계에서 가장 무역장벽이 낮은 자유무역의 나라이고, 미국이라는 거대한 소비 시장을 세계에 열어줌으로써 세계 경제 발전에 기여했다. 이는 미국이 지금까지 거의 모든 분야에서 세계를 압도할 경쟁력이 있었기에 그랬다. 하지만 독일, 일본 같은 정통 제조 강국들의 부상, 아시아권의 맹렬한 발전 등으로 미국의 경쟁력이 하락했고, 이에 따라 막대한 무역적자를 기록해 오고 있다. 지금 트럼프는 이를 다른 나라들의 관세를 비롯한 불공정 무역의 탓으로 돌리는 것이다. 자유무역과 시장개방을 선도했던 미국이 세계를 상대로 한 자유무역에서 패하자 무역장벽을 쌓는 것이다. 과도한 관세 부과는 결국 인플레이션을 불러와 미국 소비자들의 부담을 가중시키는 결과를 불러올 것이지만, 트럼프를 관세 협박으로 미국의 힘을 과시하며 동맹국과 적성국 할 것 없이 모두를 떨게 만들고 있다. 캐나다는 미국에 경제적으로 종속된 상태이다. 그래서 미국의 이런 주장에도 어쩔 방법이 없다. 파나마 운하는 미국이 건설해서 파나마에 양도한 자산이다. 마지막으로 그린란드는 미국과 북극해를 사이에 놓고 인접한 땅이며, 현지 주민들은 덴마크로부터 독립운동을 벌이고 있다. 우리는 이런 황당한 주장을 통해 트럼프가 진짜 원하는 것이 무엇인가를 읽어야 한다.

트럼프의 정책 방향은 너무나 명료하다. 국제적으로는 미국 우선주의와 고립주의, 국내적으로는 반이민, 감세 정책이다. 바이든 대통령은 트럼프의 정책을 모조리 뒤집었지만, 트럼프는 다시 바이든의 정책을 없애고 있다. 중요한 것은 미국 유권자들이 트럼프를 선택했다는 것이고 내년부터 4년 동안 세계는 다시 트럼프라는 특이한 인물이 세계 최강 미국을 이끌어 가는 현실 속에서 살아야 한다는 점이다. 트럼프는 때로는 거침없는 언행을 통해 모두를 놀라게 하지만, 절대로 현실을 무시하거나 막무가내로 행동하는 인물은 아니다. 뼛속부터 사업가인 그의 모든 행보는 계산된 것이며 자신과 자국의 이익을 위해 움직인다. 쓸모없는 이념이나 가치가 중요하지 않고 이해득실이 중요한 현실가이며 집단적 협의보다 개별 협상을 중요시하는 장사꾼이다. 앞으로 펼쳐질 미국의 에너지 정책을 이해하려면 트럼프 집권 1기의 상황을 기억하면 된다.

우선 무엇보다 석유와 천연가스 같은 화석연료 산업에 집중한다. 집권 1기에도 셰일가스를 비롯한 화석에너지 산업을 적극적으로 지원함으로써 미국 내 관련 고용은 늘어나고 에너지 가격은 낮아졌고 일반 서민들의 가계 부담은 줄었다. 인플레이션 시대를 끝내기 위해서라도 트럼프는 이 정책을 다시 되살릴 것이다. 석유 수출국으로 변모하고 있는 미국의 세계 에너지 시장에서의 발언권은 커질 것이며 국제석유시장을 놓고 러시아, 중동과 경쟁할 것이다. 덕분에 국제유가는 안정될 것이므로, 우리에게도 반드시 나쁜 상황은 아니다. 우리나라는 미국산 석유와 LNG 수입을 확대함으로써 우호적인 대미 관계 형성과 함께 상대적으로 값싸고 안정적인 미국산 LNG와 석유를 수입함에 따라 에너지 안보 구축에도 일정 부분 도움을 받을 수 있을 것이다.

트럼프는 풍부한 석유와 가스, 그리고 원자력 발전을 이용해 미국의 전기요금을 크게 낮출 것이다. 바이든 행정부는 재생에너지로의 에너지 전환에 정책을 집중함으로써 전기요금 인상 요인을 크게 키웠다. 물론 바이든의 에너지 전환은 기후위기 극복을 위해 세계 최대 에너지 소비국 미국이 선택해야 할 길이었지만, 이 과정에서 소비자들은 비싼 전기요금을 부담해야 했다. 정직한 바이든은 힘들어도 시대가 요구하는 길을 택했지만, 트럼프는 전혀 그럴 사람이 아니다. 트럼프는 당장의 이익, 그리고 공동체보다 자신의 이익을 위해 노력하는 사람이다. 그런 사람을 욕할 이유는 없다. 다만 그를 지도자로 뽑은 유권자가 나중에 지불해야 할 비용이 클 뿐이다.

화석에너지 생산량이 큰 폭으로 늘어나고, 재생에너지 투자가 줄게 되면 자연스럽게 전기요금은 떨어지게 된다. 특히 가스 생산이 대폭 늘어나게 되면 전기요금은 자연스럽게 낮아질 것이며, 트럼프는 중국과의 산업 경쟁을 위해서라도 전기요금을 낮추기 위해 노력할 것이다. 물론 미국의 전기요금은 연방정부가 규제할 수 있는 것은 아니고, 각 주 정부가 규제하며, 여러 주에서는 자유화가 많이 진행됐다는 것이 장애로 작용할 수는 있다.

트럼프는 바이든 정부가 확대했던 재생에너지와 전기자동차 등에 대한 보조금을 대폭 줄이고 있다. 에너지 전환을 위해서는 화석연료보다 상대적으로 가격이 높은 재생에너지에 발전차액지원과 같은 일정한 보조금을 지급해 왔는데, 트럼프는 이를 시장의 왜곡이라고 주장하며 대폭 삭감하는 것이다. 인플레이션법(IRA)의 핵심도 신에너지와 재생에너지 관련 사업에 보조금을 지급하는 것이 주요 내용인데, 트럼프 행정부는 법 자체를 폐기하지는 못해도 행정부의 권한 안에서 이를 무력화할 것으로 보인다. 이번 선거에서 의회를 장악했기에 트럼프는 IRA 개정을 통해 수소와 같은 신에너지 지원은 줄이고 원전 지원을 확대할 것이 분명하다.

과거의 경험과 이번 대선 기간 트럼프의 공약 등을 통해서 트럼프 2기 행정부의 에너지 정책을 대충 예상했다면, 이에 대한 우리의 대응책도 신중해 검토해야 한다. 물론 트럼프는 4년 후 다시 대통령이 될 수가 없기에 그의 임기 후에 이런 정책들이 그대로 계승이 될지, 아니면 민주당으로 정권이 교체되고 다시 바이든과 유사한 에너지 정책이 펼쳐질 것인가를 이 시점에서 예단할 수는 없다. 분명한 사실은 트럼프의 화석연료와 원전 중심의 에너지 정책은 4년은 계속될 것이므로, 이에 대한 대비를 충분히 해야 한다는 것이다.

제6장

우리의 에너지 안보를 위한 제언

트럼프 시대의
국제정세

트럼프의 대선 승리가 확정되는 순간 사람들은 악몽을 꾸는듯 했다고 말했다. 트럼프 1기 때 보여줬던 그의 일탈적인 언행을 기억하는 사람들은 악몽이라고 느꼈을 것이다. 하지만 미국 유권자들은 트럼프를 다시 선택했다. 하루하루의 식탁을 걱정하고 내일 실직을 두려워하는 평범한 미국 시민들은 트럼프를 원했다. 물론 트럼프 지지층의 핵심은 백인들이었지만, 히스패닉이나 흑인들도 민주당을 지지하지 않았다. 그들에게 바이든보다는 트럼프 시절의 기억이 더 좋았다. 물가는 안정됐고 소득은 올랐었다. 민주당의 버팀목 노동조합도 해리스를 지지하지 않았다.[73] 무엇보다 해리스 개인이 보여준 서사가 너무 부족했다. 유권자들은 자신이 표를 던질 정치인에게서 뭔가 특별한 감동을 원하는데, 해리스에게는 그런 극적인 스토리가 부족했다. 반대로 막말과 거친 행동의 트럼프는 그것을 자신만의 트레이드마크로 삼았다. 그는 영리하다. 주류인 저소득층 백인들의 울분을 풀어줬다.

백악관으로 돌아온 트럼프는 자신의 주장을 과감하게 펼친다. 미국과 자기 자신의 이익 이외에 그에게는 다른 아무것도 필요 없다. 특이하게 그는 민주당의 여성 후보 두 사람을 꺾었다. 낙태와 관련된 여성의 선택권 문제는 수면 아래로 가라앉았다. 경제가 제일 큰 문제였다. 인류 공동선과 인권 등과 같은 이야기는 이제 정치에서 사라졌다. 미국만의 현상이 아닌 세계적인 현상이다. 유럽도 극우파가 득세하고 우리나라 역시 비슷하다. 유권자들은 착한 척하던 바이든 대신 직설적으로 상대를 욕하고 조롱하며 마음껏 자신들의 가려운 곳을 긁어주던 트럼프가 더 좋았다.

트럼프의 대외정책은 동맹의 안보 공동부담 요구 등을 중심으로 가치나 이념이 아닌 미국의 실익을 위한 방향으로 질주한다. 동맹국 적국 상관없이 모두를 공격한다. 대내적으로는 감세와 전통 제조업 부흥으로 일자리 창출, 화석에너지 투자 확대, 불법 이민자 대량 추방 등으로 미국의 저소득층 백인들이 두 팔 벌려 환영할 내용이다. 트럼프 지지자들의 요구는 천조국이라는 별명처럼 막대한 재정적자를 감수하면서 세계 경찰 노릇을 하며 자신들의 세금을 외국에 뿌리지 말고 자기들에게 쓰라는 것이다. 트럼프는 이들의 마음을 읽고 그들이 원하는 말을 해서 두 번째로 당선됐다. 재정적자의 상당 부분을 차지하는 국방비를 대폭 깎고 연방정부의 크기를 줄일 예정이다. 일론 미스크가 이름도 특이한 정부효율부(Department of Government Efficiency, DOGE)라고 새로 만든, 사실 연방정부의 공식적 부처도 아닌 특이한 이름의 이 부처의 장관으로 입각하는 것도 주목된다. DOGE의 목표는 정부를 줄이기 위한 것이라더니 무더기로 연방 공무원들을 해고하기 시작했다.

트럼프는 집권 1기 때와 같이 중국에 대해 강경한 태도를 지킬 것이다. 모든 중국산 수입품에 60% 이상 관세를 부과하고, 최혜국 대우 지위를 철회하겠다고 했으며, 중국으로부터 필수 의료·국가안보 물품 수입을 단계적으로 중단하는 '4개년 국가 리쇼어링 계획' 등을 통해 대중국 의존도를 없애겠다고 했다. 하지만, 이런 대중국 압박 정책은 미국의 물가 상승을 부채질함으로써 인플레이션을 촉발할 수도 있기에 실현 가능 여부에 대해 의심의 눈길을 보내는 사람이 많다. 트럼프는 중국이 반칙으로 미국의 일자리와 부를 빼앗고 있다고 생각하며 중국과의 관계 단절 즉, 디커플링(Decoupling)을 원한다. 바이든 대통령은 이에 비해 한 단계 낮은 수준의 대중국 견제, 즉 디리스킹(Derisking)을 추진했다. 조만간 트럼프는 모든 교역국을 상대로 상호관세 부과율을 발표할 예정이므로 미국을 상대로 무역을 하는 세계는 떨고 있다. 미국이 세계 거의 모든 나라의 제품을 수입해 주는 가장 크게 개방된 시장이므로, 만약 미국과의 무역에 장애가 생기면 큰 충격을 받게 될 것이 분명하다. 그만큼 미국은 세계를 상대로 자유무역을 실천해 왔고, 트럼프의 막가파식 주장에도 상당한 설득력이 있다. 즉, 그동안 세계는 미국을 상대로 돈을 벌어왔고, 미국은 무역적자를 강한 달러를 바탕으로 한 채권을 외국에 팔면서 버텨왔다. 트럼프는 이런 '불공정한 상태'를 개선하자는 것이다.

트럼프는 바이든과는 달리 대만 문제에 큰 관심이 없다. 바이든 행정부는 미일 동맹과 한미동맹 등을 묶어 하나의 동맹체로 중국을 견제하려고 했고, 만약 중국의 대만 침공이 있을 때 직접 지원하겠다는 태도를 보였다. 하지만, 트럼프는 미국이 직접 중국과 대만 사이의 분쟁에 끼어들 생각이 없다. 오히려 TSMC를 비롯한 대만의 반도체 산업이 미국의 국익을 해친다고 이들을 관세로 규제할 생각이며 심지어 미국으로 이들을 모두 불러들여 미국 회사로 만들고 싶어 한다. 트럼프는 바이든 행정부의 반도체법[74]을 미국의 이익을 해치는 나쁜 법이라고 비난하며 이를 개정할 의지[75]를 보였다. 바이든이 가치와 이념으로 중국과 대만 문제를 봤다면 트럼프에게 이념과 가치는 미국의 국익 그 자체이다. 물론 중국이 대만에 직접 군사행동을 한다면 미국이 그냥 손을 놓고 있지는 않겠지만, 민주당 정부와는 그 차이가 크다. 따라서, 트럼프의 이런 생각을 읽고 있는 중국으로서는 대만 문제를 놓고 미국과 모종의 협상을 시도할 가능성도 있다. 이는 하나의 중국을 주장하는 북경 정부에게는 기회가 될 수 있다.

북한 문제 역시 마찬가지이다. 집권 1기에 북한의 김정은 위원장과 직접 두 차례나 만나며 북핵 제거를 전제로 관계 정상화를 논의했다가 2019년 2월, 베트남 하노이에서 여러 이유[76]로 회담이 결렬됐다. 트럼프는 이 하노이 노딜 사건을 아쉽다고 했으며, 기회가 있으면 다시 김정은 위원장과 북미 관계를 놓고 다시 협상을 이어 나가겠다는 말을 여러 차례 했다. 바이든과 트럼프의 북한에 대한 태도는 매우 다르다. 바이든의 오바마 전 대통령 시절부터 이어오는 전통적인 민주당의 대북 정책인 전략적 인내는 북한의 존재를 무시하고 상대하지 않겠다는 것이었는데, 이 기간에 오히려 북한의 핵무장은 더 빨라졌다. 트럼프는 이미 알려진 것과 같이 철저한 양자 협상을 통한 문제해결을 좋아했고, 북한의 최고 지도자와의 직접 대화에도 나섰다. 트럼프가 바이든보다 세계평화를 위한 마음이 더 커서 그런 것이 아니라 이를 통해서 본인이 얻을 이익이 확실히 보였기에 그랬다. 트럼프에게는 이념이나 가치가 중요하지 않고 본인과 미국의 실익이 중요하다. 따라서, 돌아온 트럼프는 다시 북한 최고 지도자와 직접 만나서 집권 1기에 하지 못했던 북한 핵 문제 관련 협상의 판을 다시 벌일 것이다.

　트럼프의 귀환을 바라보는 중국은 속으로 기뻐할 것이다. 물론 집권 1기에 보여준 디커플링 정책은 중국을 괴롭혔지만, 바이든 대통령보다는 막후 협상이 가능하기 때문이다. 미국의 자국중심적 행동이 심해질수록 세계는 중국 중심으로 뭉칠 수도 있다. 어쨌든 공화당과 민주당이든 상관없이 미국은 대중국 견제가 대외정책의 핵심이다. 바이든의 민주당은 유럽 등 동맹국과 함께 연대해서 중국을 견제했지만, 트럼프 행정부는 동맹국과도 무역전쟁을 벌일 것이며, 중국도 동맹국과 함께 견제하지 않고 개별적으로 상대할 것이므로, 중국은 트럼프와의 직접 협상으로 이런 위기를 돌파할 여지가 보이기 때문이다. 미국의 이익만 챙기면 되는 트럼프가 이념과 가치를 들고 동맹국과 함께 움직이는 미국보다 상대하기가 쉬울 것이 분명하다. 중국은 트럼프를 상대할 전략을 심각하게 고민하고 있을 것이다. 미국의 자국중심주의가 강해질수록 세계는 미국에 대항하기 위해 중국을 중심으로 뭉칠 것이며, 이는 중국에게 결코 불리한 구조가 아니다.

이렇게 펼쳐질 국제정세 속에서 우리는 미국과 중국, 어느 쪽도 소홀히 할 수 없다. 미국에게 한반도는 중국을 저지하는 최전선이고 반대로 중국에게 한반도는 턱밑의 비수이다. 중국은 한반도를 장악할 수도 없고 그렇다고 포기할 수도 없다. 중국으로서는 한반도를 극복해야 미국 해군의 저지를 뚫고 태평양으로 나갈 수 있다. 반대로 미국에 있어서 한반도는 중국을 묶어놓는 최전선이다. 두 강대국 모두 절대로 한반도를 포기하지 못한다. 그러므로 그 어떤 상황에서도 미국은 주한미군을 한반도에서 철수할 수가 없다. 우리는 미국과의 협상에서 미국의 이런 속내를 잘 읽어야 한다. 두 나라는 한반도를 중간에 놓고 서로 노려보며 힘의 균형이 한쪽으로 쏠리는 것을 양보 못 한다. 그 중간에 애매하게 놓인 우리는 양 강대국의 거래 속에서 철저하게 우리의 장점, 즉 어느 한쪽도 우리를 포기하지 못한다는 사실을 지렛대로 이용해야 한다.

에너지 안보를 위한
정책 대안

　에너지 빈국인 우리나라는 1970년대의 두 차례의 석유파동을 겪었으며 에너지 안보의 중요성을 일찍 깨달았다. 역대 정부는 안정적 에너지 공급, 즉 에너지 안보를 에너지 정책의 기본으로 세워 왔다. 해외 에너지 자원개발 역시 역대 정부의 관심 사항이었고 일정 부분 성과를 거두고도 있다. 에너지 안보의 또한 축은 에너지 자립이다. 우리 영토 안에서 수입 에너지를 대체할 수 있는 에너지 사원을 개발할 수 있다면 그보다 더 좋은 일을 없을 것이다. 기후위기로 촉발된 에너지 전환의 시대적 과제를 우리가 적시에 달성할 수 있다면 에너지 자립도 가능해진다. 외국에서 수입하는 값비싼 화석에너지를 우리나라 안에서 태양광과 풍력으로 생산하는 전기로 대체할 수 있다면 그보다 더 확실한 에너지 자립은 없을 것이다.
　따라서 장기적 관점에서 에너지 전환과 에너지 안보는 대체재가 아니라 충돌하지 않는 훌륭한 보완재이다. 하지만 단기적으로는 에너지 안보의 관점이 에너지 전환과 모순될 수 있다. 에너지 안보와 에너지 전환의 결합에 대한 창의적 접근이 요구된다.

1) 에너지 공급망 다변화와 동북아 슈퍼그리드 재추진: 단기와 중기적 시각

한반도는 에너지 공급원으로부터 격리된 섬이다. 에너지의 95%를 바다를 통해 수입하는 대한민국은 바닷길이 생명의 길이다. GDP의 40%를 차지하는 무역 역시 바다를 통해 이뤄진다. 이러한 바닷길의 불안은 곧 에너지 안보를 비롯한 우리나라 경제의 마비를 불러온다는 것과 같은 말이 된다. 전 세계에서 가장 많은 에너지를 소비하는 한국, 일본, 중국이 한반도를 중심으로 몰려 있다. 이렇게 수입한 에너지를 이용해 만든 상품을 다시 해상 운송로를 통해 전 세계로 수출하는 곳이 바로 동북아시아이다. 이곳으로 들어오는 에너지의 주요 공급망은 중동, 호주, 미국, 중남미 등이다. 우리의 에너지 안보를 유지하는 관건이 이 해상통로가 얼마나 안정적으로 지켜지는가에 달려 있다.

우리나라는 2023년 기준으로 석유의 71%[77]를 중동에서 수입했다. 특히 우크라이나 전쟁 발발 후 러시아로부터의 수입 물량이 중동으로 몰리면서 석유 수입의 중동 의존도는 과거보다 더 높아졌다. 석유파동 이후 우리나라는 석유 도입선을 다변화하기 위해 노력해 왔지만, 최근의 국제정세 아래에서 중동 의존도가 오히려 커졌다. 중동은 지금도 뜨거운 화약고이며 이 전쟁이 얼마나 더 오래가고 또 확대될 것인지도 모른다. 친이스라엘 트럼프 행정부의 등장은 중동 사태를 더 악화시킬 수도 있다. 만약 중동에서 또 다시 불행한 사태가 벌어지면 우리의 생명줄과 같은 에너지 공급망은 심각한 위협을 받게 된다.

 옳고 그름을 떠나 미국의 트럼프 대통령은 기후위기를 부정하며 이를 중국의 음모로까지 확대해석했다. 그는 미국 국내에 풍부한 석유자원, 특히 셰일가스를 퍼 올려 국내 에너지 가격을 안정시키는 한편 세계의 석유시장의 패권을 잡고 싶어 한다. 트럼프 대통령의 표현대로 에너지 지배를 달성하려고 하는 것이다. 이미 미국은 셰일 혁명을 통해 2023년 기준으로 세계에서 가장 많은 석유와 천연가스를 생산하는 나라가 됐다. 기후 문제를 떠나 에너지 문제로만 좁혀서 생각하면, 미국의 석유와 가스 생산 확대는 국제유가를 안정시킬 것이며, 우리는 이런 기회를 이용해서 미국으로부터의 석유, 가스 도입을 늘릴 생각을 해야 한다. 중동은 세계의 화약고이며 정치적으로 불안정하다. 미국이 중동에서 발을 빼면 이런 정치적, 군사적 불안은 커질 것이며, 이런 위험은 언제라도 전쟁으로 폭발하는 것도 가능해 보인다.

 미국은 중국의 해안선을 따라 중국을 포위했다. 한반도, 대만해협, 남지나해, 말라카해협, 인도양까지 중국은 미국 해군의 눈치를 보며 이 길을 오고 가야 한다. 한마디로 미 해군은 중국의 숨통을 쥐고 있다. 그래서 중국은 파키스탄을 우호국으로 삼고 항구를 확보했고, 사우디아라비아에서 이란을 통해 중국으로 연결하는 파이프라인도 건설하고 있다. 해군력을 키우기 위해 장난감을 찍어 내듯이 항모를 만들고 미국에 대항하려 한다. 하지만 앞으로도 한참 동안 미국의 해군력을 뚫고 마음껏 태평양과 인도양으로 나오지는 못한다. 그것이 중국의 한계이다.

우리 역시 험한 바닷길을 지나야 한다. 다행히 우방국 미 해군이 지켜주는 길이라서 아직까지는 안심은 되지만, 지도를 놓고 봐도 중동에서 한국으로의 뱃길은 험난한 위험이 도사리고 있다. 호르무즈해협, 홍해, 인도양, 말라카해협, 대만해협 등 거쳐야 하는 길이 멀고 험난하다. 이에 비해 미국에서 한국으로의 뱃길은 단순하다. 미시시피와 조지아에 있는 LNG 터미널을 출발해 파나마 운하만 통과하면 평온한 태평양이 기다리고 있다. 이 길은 미국의 안마당으로 해상 운송로를 위협할 세력은 존재하지 않는다. 심지어 트럼프는 파나마 운하의 운영권이나 통과 운송료도 자기가 좌지우지하려 한다. 석유와 LNG의 중동 의존도를 줄이고 미국 의존도를 높이면 그만큼 에너지 안보는 튼튼해질 것이다. 물론 트럼프의 화석연료 중시 정책이 차기 정부에서는 어떤 방향으로 바뀔지는 모르지만, 현재로서는 단기적으로 중동 의존을 낮추고 미국 의존을 높이는 방향으로 나가야 한다. 인도네시아, 호주 등 비중동권으로의 수입선 다변화는 이미 진행 중인데, 이 역시 에너지 안보 측면에서 계속 확대해야 할 정책 방향이다.

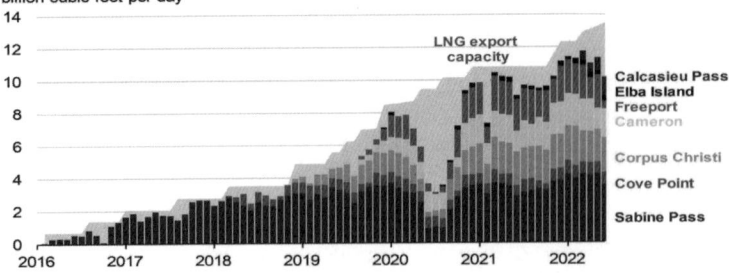

자료: EIA(2022. 12. 27.), "The United States became the world's largest LNG exporter in the first half of 2022"
출처: 세계 에너지시장 인사이트 제23-1호, 에경연 2023. 1. 16., 에경연

　전기가 남는 곳에서 부족한 곳으로 수송하겠다는 동북아 슈퍼그리드가 우리의 에너지 안보를 위한 대안으로 등장했다. 슈퍼그리드란 초고압직류송전망(HVDC)을 러시아, 중국, 몽골, 한반도로 연결해 에너지가 풍부한 지역에서 전기를 생산, 에너지 소비가 많은 지역으로 수송하는 전력망을 말한다. 전기의 가장 큰 장점은 생산지에서 멀리 떨어진 소비지로 수송이 가능한 에너지원이라는 것이다. 러시아 동부 지역과 몽골에는 천연가스, 수력 등 풍부한 에너지 자원이 있지만 이를 유럽으로 수송하기에는 너무 멀다. 대신 이 에너지원을 전기로 가공해서 에너지 소비가 많은 중국, 한국, 일본으로 보낼 수 있다면, 이를 생산하는 러시아와 몽골, 그리고 이 전기를 받아서 소비하는 국가들에도 경제적으로 큰 이익이 될 것이다. 또한, 정치적으로 민감한 이 지역이 슈퍼그리드로

연계돼 서로 의존하는 경제공동체를 형성한다면 정치적 안정에도 도움이 된다. 일단 동북아 지역을 연결한 후 이를 아시아 전체로까지 확대하자는 논의도 있다.

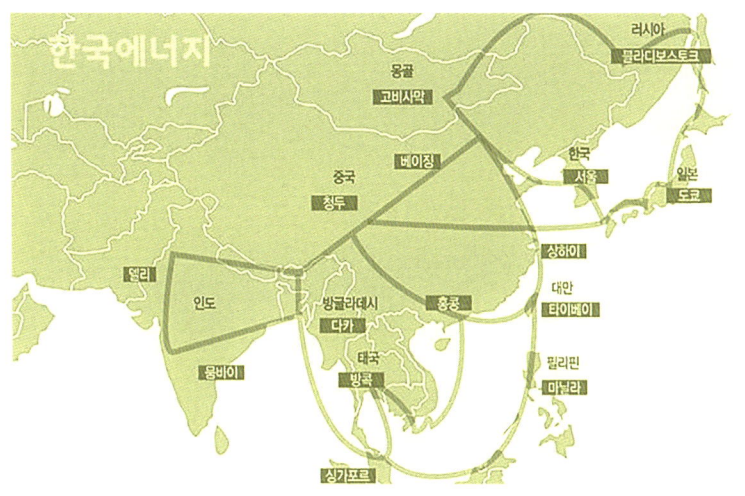

동북아 슈퍼그리드를 확대한 아시아 슈퍼그리드의 개념도
출처: 한국에너지신문

동북아 슈퍼그리드를 처음 제안한 사람은 일본의 재일교포 IT 재벌 소프트뱅크의 손정의 회장이었다. 그는 후쿠시마 사고로 일본의 탈원전을 염두에 두고, 동아시아의 에너지 공동체 모델로 슈퍼그리드를 생각했다. 이에 대해 러시아의 블라디미르 푸틴 대통령이 찬성했고, 손정의 회장은 한국을 방문, 당시 한전 사장과 이 문제를 같이 추진하자는 MOU도 체결했다. 문재인 정부 시절에는 당시 산업부 장관이 일본을 방문, 손정의 회장과 슈퍼그리드 추진에 대해 구체적인 협의[78]를 하기도 했다. 슈퍼그리드 연결의 가장 큰 장애는 한반도 중간의 북한이었는데, 당초 러시아의 푸틴 대통령은 자신이 중국과 함께 북한을 설득하면 에너지난에 시달리는 북한도 슈퍼그리드의 혜택을 볼 수 있으므로 이에 동의할 것이라고 자신했다. 그리고 돌아온 트럼프 미국 대통령은 핵개발 중단을 전제로 북한과 모종의 합의를 할 생각으로 보인다. 이 합의의 일부로 에너지 문제가 포함될 수 있으니 슈퍼그리드 의제를 활용해 볼 수도 있을 것이다.

슈퍼그리드는 단순히 전력망 연결에서 끝나지 않는다. 전력망을 동북아 사이에 연결하면 다음으로 천연가스 파이프라인, 철도망, 그리고 고속도로 연결도 가능해진다. 한일 사이의 오랜 쟁점이던 해저터널이 연결되면, 일본에서 파리까지 컨테이너 물류의 혁명이 일어난다. 한반도를 통해서 시베리아 철도를 이용하는 물류망이 완성되면 수에즈 운하를 통해 복잡하고 위험한 뱃길을 이용하는 해상 운송에 비해 최소한 2주 이상 시간이 절감될 것이라고 한다.[79] 시간 절감은 곧 비용감소로 나타날 것이므로 이를 통한 경제적 효과는 엄청날 것이다. 만약 동북아 슈퍼그리드가 완성되고 나머지 3개의 네트워크가 동북아 지역을 하나의 공동체로 묶으면, 전쟁의 위험은 사라진다. 공동 번영의 혜택을 누구나 누릴 것이므로 아무도 이 틀을 깰 생각을 하지 않게 된다. 현재 진행 중인 '북유럽 슈퍼그리드'와 '남유럽 슈퍼그리드', '아프리카 슈퍼그리드' 등 3개를 우리 슈퍼그리드의 모델로 삼을 수 있다. 슈퍼그리드를 통해 몽골사막과 시베리아의 천연에너지로 생산한 전기를 공급받으면 RE100도 해결된다.

  문재인 정부는 출범 초기 활발하게 동북아 슈퍼그리드 문제를 논의했다.[80] 문재인 정부는 탈원전과 탈석탄의 대안으로 슈퍼그리드 연결을 구상했지만, 여러 정치적 이유 등으로 이 논의 자체가 수면 아래로 내려갔다. 또한 이 구상 자체가 비현실적이라고 지적하는 반론도 많다. 특히 우크라이나 전쟁에서 보듯이 에너지 무기화가 심화되는 시점에 지역을 연결해서 상호 의존하는 에너지 네트워크의 안보 취약성이 크기 때문에 시대적으로 맞지 않다는 의견이 대표적이다. 하지만, 동북아는 유럽과 상황이 다르다. 나토의 동진과 이를 두려워하는 러시아 사이의 갈등 폭발이 우크라이나 사태라면, 동북아는 미묘한 세력균형이 유지되는 터지기 직전의 폭탄과도 같은 곳이다. 그리고 한국, 일본, 러시아, 중국, 미국 등 나라별로 상호 관계가 복잡하게 얽혀 있는 지역이다. 따라서 에너지 공급망을 하나로 통합하고 역내 국가들이 모두 같이 의존하게 만드는 것이 오히려 지역의 안보와 협력을 같이 보장하는 방법일 수 있다. 전기를 먼저 연결하는 슈퍼그리드를 시작으로 동북아시아가 철도, 고속도로, 그리고 천연가스 파이프망으로 연결되면 세계는 이 지역은 세계의 중심으로 우뚝 서게 될 것이며, 동북아의 평화 역시 이 4개의 네트워크를 통해서 유지, 발전될 것이다.

2) 자원외교와 해외자원개발 적극 추진:
   장기 정책의 필요성

　제4차 산업혁명은 꽃은 인공지능(Artificial Intelligence, AI)의 등장으로 활짝 만개하고 있다. AI는 사람을 대신해서 단순한 공장 작업부터 복잡한 논문 작성, 의료 현장 등에까지 활용도가 높아지고 있으며, 머지않은 장래에 인간을 훨씬 능가하는 능력을 모든 분야에서 보일 것이다. 이 AI 시스템을 구성하려면 기존과 다른 차원의 GPU 그래픽 처리가 필요한데, 컴퓨터의 두뇌라 할 수 있는 중앙처리장치 CPU를 포함한 많은 양의 마이크로프로세서 칩이 필요하다. 반도체의 재료는 단결정 실리콘과 함께, 갈륨비소(GaAs), 갈륨비소인, 질화갈륨(GaN), 탄화규소(SiC) 등이 있다. 이들은 스마트폰을 비롯한 다른 전자제품의 원료이기도 하다. 또한, 태양광 패널, 풍력발전기 터빈, 전기자동차 배터리 등에도 희토류[81]가 사용된다. 결국 AI 발전과 이를 뒷받침하는 에너지 산업을 위해서 리튬, 코발트, 구리, 규소, 붕소, 아연 등의 다양한 종류의 광물이 필요하고, 전력 생산을 위한 에너지 자원확보도 함께 필수적이다.

　희토류와 함께 미래 첨단산업을 위해 필수적으로 확보해야 하는 광물들도 있다. 우리나라는 이들 광물을 국가전략 희소금속으로 정의하고 국가적 차원에서 확보를 위한 노력을 하고 있다. 우리나라는 IMF를 극복한 김대중 정부 시절부터 자원외교와 해외자원확보의 중요성을 인식했다. 본격적인 해외자원개발은 자신이 해외 건설 수주 경험이 풍부했던 이명박 정부 때부터라고 할 수 있다. 이명박 대통령은 에너지 공기업을 중심으로 해외자원확보를 적극적으로 추진하도록 독려했다. 하지만 너무 짧은 기간 안에 무리한 실적 쌓기 위주의 자원확보 활동은 많은 부작용을 남기고 실패로 끝났다. 특히, 한국 공기업들이 활발한 해외자원개발을 벌일 시점이 세계금융위기 이후 실물경제 부진으로 국제유가를 비롯한 자원 가격이 폭락한 시점이어서 그 실패는 더 컸다. 또한, 5년 단임제 정부는 길어야 2~3년 안에 정책의 구체적 실적을 올리고 싶지만, 해외에서 벌이는 광산개발이나 매입 등 해외자원개발 사업이 그 기간에 성공할 가능성은 크지 않다.

정부의 독려로 나선 공기업이 앞다투어 무리하게 추진했던 자원외교는 결실을 기다릴 시간도 없이 정치적으로 모두 실패로 낙인찍혔다. 이 사업들을 추진했던 공무원과 공기업 대표들은 무더기로 법정에 서야 했다. 자원과 광물을 해외에서 개발하는 사업이 2년 또는 3년 안에 실적을 낸다는 생각 자체가 잘못됐지만, 우리나라는 정치적인 이유로 이를 단죄했다. 이런 현실에서 자원확보를 위해 적극적으로 제3세계를 누빌 공무원과 공공기관은 없다. 이에 비해 중국의 일대일로는 장기적인 목표를 두고 국가 역량을 총동원해 추진된다. 중국인들은 이미 희소 자원이 있는 제3세계 곳곳에서 활약하고 있고, 아프리카의 지도를 바꾸고 있다. 길이 없던 밀림에 철도를 놓고 고속도로를 건설했다. 따라서, 앞으로 다시 추진되는 해외자원확보 정책은 다음 정권까지 이어서 장기적인 결과를 맺는다는 생각으로 긴 호흡으로 추진해야 하며, 이 과정에서 집권당과 야당은 자당의 정략적 이해관계에서 벗어나 국가의 미래를 생각하는 마음으로 해외의 자원확보사업을 지원해야 한다.

결론적으로, 국내 자원이 부족한 우리는 적극적으로 해외에서 자원개발을 해야 한다. 이미 중국은 우리가 범접하지 못할 수준으로 해외의 자원을 일대일로라는 이름으로 장악해 나가고 있다. 일본 역시 GX 정책으로 적극적으로 해외자원을 확보하고 있다. 일본 전력회사들이 공동으로 설립한 에너지기업 JERA는 호주의 LNG 생산 기업 우드사이드의 지분 상당 부분을 직접 인수해서 안정적인 LNG와 액화수소 도입선을 확보했다. 우리도 비록 한발 늦었지만, 이들과 유사한 방법으로 자원이 많은 아프리카, 남미 등의 지역으로 진출해서 안정적인 에너지와 자원 공급망을 구축해야 한다.

3) 에너지 효율화 사업과 제도 적극 도입:
에너지 자립정책

에너지를 생산하는 것 이상으로 중요한 사실은 어떻게 효율적으로 사용하는가이다. 지금까지 우리나라는 경제성장과 국민 생활 향상을 위해 항상 공급 측면만 신경을 써왔다. 늘어나는 전력

수요를 맞추기 위해 전기를 생산하는 발전소를 더 지었고, 전기를 실어 나르기 위해 송전탑과 변전소를 지었다. 우리나라는 1970년대 이후 세계적으로 빠른 경제성장을 이룩했고 그 뒷받침을 한 전력설비 건설 역시 세계적으로 유례를 찾기 어려울 정도로 신속하게 진행됐다. 선진국의 문턱을 넘은 우리도 이제 연평균 경제성장률이 다른 선진국 수준으로 낮아졌고, 이에 따라 전력수요 증가율도 많이 안정됐다. 하지만 세계적인 제조업 강국의 위상에 맞게 아직도 평균 우리나라 연평균 전력수요 증가율은 2010년과 2019년 사이에는 2.66%였으며, 코로나 팬데믹 기간이었던 2020부터 2023까지도 매년 1.66% 정도 수요는 늘었다.

 전력설비를 건설하는 데는 많은 시간과 비용이 필요하다. 국토개발이 거의 한계치에 온 우리나라에는 대형 발전설비를 건설할 땅과 이를 수송하는 송전선로를 건설할 공간도 부족하다. 그렇다면 효율적인 소비를 통해 수요 증가를 억제하는 것이 대안이다. 에너지 사용의 효율성을 높이는 것이다. 정부는 에너지 정책의 방향을 에너지 공급에서 탈피해 수요효율화 정책 중심으로 과감하게 전환한다고 선언했다. 일본과 독일 등 여러 나라가 수요효율화를 또 하나의 에너지 공급원으로 인식하고 최우선 정책으로 선정한 것을 참고했다고 한다. 수요효율화는 에너지 안보 위기 대응, NDC 상향목표 달성, 에너지 다소비구조 개선 등 국내 에너지 소비 현황분석과 기존정책에 대한 심도 있는 재검토를 기초로 경제와 에너지 소비 주체들의 부담을 최소화하면서도 에너지 부문의 당면 현안들을 해결하기 위한 종합시책이라고 했다. 특히, 제조업이 산업 부문 에너지의 90%를 소비하고 육상 수송이 수송 부문 에너지의 81%를 사용하는 점을 보면, 제조업의 에너지 효율 향상과 중대형 상용차의 연비 향상 및 전기자동차로의 전환이 가장 시급해 보인다. 정부는 이를 위해 산업, 가정·건물, 수송 등 3대 부문 수요효율화 혁신을 추진할 계획이다.

여기에서 더 세부적으로 들어가면 이미 외국에서는 널리 시행 중인 에너지공급자 효율향상제도(EERS: Energy Efficiency Resource Standards) 확대가 필요하다. 미국과 유럽 여러 나라가 도입한 EERS는 에너지 효율화 전문기관 또는 공급자가 소비자의 에너지 사용 형태를 분석하고 효율성을 개선해 주는 서비스업으로, 에너지 절감은 물론이고 신사업을 확대하는 제도로 긍정적 평가를 받고 있다. 우리나라도 분야별로 EERS를 의무화해야 한다. 그 밖에도 고효율계기인증제도, 설비효율등급제도 등도 확대, 시행해야 한다.

문제는 이런 에너지 효율화 추진에는 에너지 가격 정상화가 전제돼야 한다는 것이다. 전기요금이 제조 원가에 미치지 못하고 가스요금도 정부의 규제에 묶여 시장가격 변동을 반영하지 못하는 현실에서, 에너지 절감과 효율성을 높이려고 노력하는 소비자는 없다. 정부는 에너지 가격을 물가정책의 기준으로 보고 강력히 통제하고 있는데, 이 구조를 개선해서 에너지 요금이 시장가격에 연동하도록 일정 수준으로 자유화하고, 상대적으로 취약한 계층에 대해서는 우회적 또는 직접적 보조금을 지급하는 것이 필요하다.

현재 제한적으로 운영되고 있는 수요반응사업(Deand Response, DR), 에너지저장사업(Energy Management System, EMS), 가상발전사업(Vertual Power Plant, VPP) 등과 같이 소비를 합리적으로 조절하고 에너지 효율을 높이는 부문을 과감하게 민간에 개방해야 한다. DR 사업은 전문 에너지기업이 건물이나 공장의 에너지 사용 효율성을 높이고, 그 높인 실적만큼 정부로부터 보상을 받는 사업이다. 현재는 전력수요가 가장 높은 시점에 전기 사용량을 기술적으로 줄여주는 수준까지만 사업이 허용되지만, 앞으로는 전문 DR 기업들이 적극적으로 에너지 절감 사업을 진행할 수 있도록 전력시장을 점진적으로 개방해야 한다. 이는 전기요금 자유화와 한전이 독점하고 있는 전력소매시장 개방과 함께 추진해야 할 정책 방향이다. 현재 우리나라에서는 태양광, 풍력 등 재생에너지원에 대해서 제한적으로 직접 고객에게 전기를 판매하는 제도가 허용되고 있다. 이를 더 확대해서 LNG와 같은 민자발전소도 자유롭게 고객에게 전기를 판매하도록 허용하는 방향으로 정책을 검토할 필요가 있다.

EMS는 에너지서비스기업(Energy Service Company, ESCO)이 진행하는 사업의 일종으로, DR보다 적극적인 개념이다. 현재 발전 부문을 제외한 전력산업이 한전에 독점된 상태로 DR 역시 한전의 독점 체제에서 제한적으로 이루어지고 있지만, 전력산업의 소매 개방이 본격화되면 ESCO 사업도 활기를 띠게 될 것이다. ESCO

사업이란 고객들과 계약을 맺고 에너지 절감 서비스를 한 만큼 정부로부터 수익을 받아 가는 사업으로, 이 역시 한전의 소매 독점 때문에 그 취지를 제대로 살리지 못하고 있다. 전력의 소매 개방이 진행되면 개별 고객들의 에너지 사용을 적극적으로 컨설팅해서 절감되는 만큼 수익을 직접 전력시장으로부터 얻을 수 있는 ESCO 사업이 활기를 찾을 것이며, 이는 전체 에너지 산업의 효율성 향상에 이바지할 것이다. VPP 사업은 분산된 고객들의 남는 에너지 자원을 모아 일종의 발전소처럼 전기를 전력시장에 되팔 수 있는 사업으로, 신규 발전소를 짓는 것과 같은 역할을 하므로 가상발전사업이라고 부른다. 이렇게 전력산업의 소매 부문 혁신을 통해 에너지 사용의 효율성을 높이고 발전소 신규 건설을 최소화할 수 있는 다양한 방법들을 활용하면, 적은 비용으로 에너지 전환과 탄소중립으로 가는 길을 더 크게 만들게 된다.

4) 재생에너지 활성화

지금 에너지와 관련한 가장 큰 이슈는 기후위기에 대응하는 에너지 전환인데, 현재 에너지 전환 정책은 이데올로기 논쟁에 휩싸여 지속적 추진이 어려워지고 있다. 일반적으로 재생에너지의 확산 장애로 제시되는 것은 정책의 불확실성으로 인한 발전사업자들의 수익 불확실성, 국내 전력시장 구조하에서 RPS(신재생에너지 의무화)제도의 한계, 태양광 발전사업 입지규제, 선로용량 부족, PPA(직거래)제도 활성화 부재, 해상풍력발전의 복잡한 인허가의 문제점, 재생에너지 발전사업자의 프로젝트 파이넌싱(PF) 조달의 어려움 등이 제기되고 있지만, 실제 가장 큰 문제는 송배전선로와 출력제어 문제다. 에너지 전환 정책의 큰 장벽은 오히려 지속적으로 확산되고 있는 소규모 민간 태양광 발전소가 생산한 전기를 한전의 송배전선로가 충분히 받아들일 여력이 없다는 점이다. 이는 잦은 출력제어를 일으키며 결과적으로 재생에너지 발전에 장애로 작용한다.

그 이유는 한전은 전기를 사서 공급하는 일만 할 수 있고 발전소를 운영하지 못하므로 신재생에너지 산업에 투자할 수 없고 송배전선로만 설치할 수 있다는 데서 찾을 수 있다. 이러한 구조로는 송배전선로의 계획적 신설이 불가능하며 결과적으로 태양광 발전사업자들도 한전도 그리고 국가 전체도 손해를 보는 비효율의 극치이다. 소규모 민간 태양광 발전소와 같은 재생에너지 생산시설이 급격히 증가했지만, 이를 수용할 전력망 인프라가 충분하지 않아 재생에너지의 변동성과 분산형 특성을 감당하기 어려운 구조이므로 대안으로는 스마트 그리드 도입과 계통 보강이 필요하다.

해상풍력을 비롯한 풍력발전도 민간사업자들에게 개방된 상태이며, 특히 규모가 큰 해상풍력발전 후보지는 거의 외국계 사업자들이 이미 선점했다. 이들은 공기업 한전이나 국내 풍력발전사업자에 비해 훨씬 높은 수준의 이윤을 요구한다.

　이의 대안으로는 전력산업을 총괄하는 전기사업법을 개정해서 한전과 한전의 자회사인 발전회사의 업무 구분의 벽을 허물 필요가 있다. 한전은 전력 도소매만 하고 발전회사는 전력 생산만 하도록 규정한 현행 전기사업법은 발전과 배전이라는 전력산업의 각 부문을 나눠서 각자의 영역에서 경쟁시키기 위해 배전회사는 배전만, 발전회사는 발전만 하도록 구분한 의도로 만들어졌다. 현재 태양광 산업은 소형 민간사업자들이 난립한 상태로 계획적인 투자와 전력공급이 어려워지고 있다. 태양광 등 재생에너지는 계절과 날씨에 따라 생산량이 들쑥날쑥하다. 태양광 사업을 한전과 같은 공기업이 책임지고 계획적으로 수행하면 에너지 전환은 훨씬 더 효율적으로 이루어질 것이다.

　지자체별로 적극적인 재생에너지 발전사업을 하도록 유도하는 것도 하나의 대안이다. 직접적인 비교는 쉽지 않지만, 유럽의 성공적인 에너지 전환 국가들은 주민들에게 재생에너지 사업에 투자할 수 있는 길을 열어주고 있다. 예를 들어 지역 공동체 주민들이 일종의 법인을 설립하고 공동 출자로 태양광이나 풍력발전사업을 시작하도록 장려하는 제도를 들 수 있다. 주민들이 자신들이 살고 있는 지역의 재생에너지기업의 주주나 투자자가 되어 직접 사업을 시작하면, 외부인의 태양광이나 풍력사업이 지역에 난립해 오는 갈등 문제 자체가 발생하지 않는다. 그리고 이런 지역재생 사업자가 생산하는 전기를 정부나 한전 또는 다른 소매 사업자가 구입하면 주민들은 안정적인 투자 수익을 보장받게 된다. 전라남도 신안군의 비안도라는 섬에서는 이미 주민들의 44%가 지역공동체가 설립한 태양광 발전소의 수익금을 받고 있다[82]고 한다. 다른 지자체에서도 신안군의 모델을 연구하고 있다고 하니, 이와 유사한 방식으로 사업을 확대해 나가면 재생에너지로의 전환과 동시에 농어촌 지역의 수익 창출에도 도움이 될 것이다. 전라남도와 신안군의 햇빛연금[83]은 재생에너지를 주민 참여로 확대해 나가는 현명한 방법이다. 이를 위해 유럽과 미국 등지의 조합 형태의 재생에너지 사업을 연구하고 우리 현실에 맞게 도입할 필요가 있다.

5) 전력산업 재구조화

2001년 4월 1일, 당시 김대중 정부는 한국전력공사를 7개로 분할했다. 한전 분할은 그 시점의 1년 전이던 2000년 12월 3일에 국회를 통과했던 '전력산업구조개편촉진에관한법률'에 따라 시행됐다. 전력산업구조개편은 공기업이 독점으로 수행하던 전력산업을 경쟁체제로 바꾸고 그 과정에서 민영화도 한다는 내용이 핵심이었다. 한전에서 분리돼 나온 조직은 화력발전을 담당한 회사 5개, 원자력과 수력발전을 담당한 회사 1개, 그리고 전기를 거래하는 전력시장 1개 등 모두 7개였다. 정부는 2단계로 나머지 배전 부문을 6개 지역회사로 분할, 단계적 민영화로 완전경쟁체제로 전환하려고 했다. 영국에서 시작된 이 구조개편은 이후 미국, 캐나다, 호주, 뉴질랜드 등 주로 영미권으로 급속도로 번져나갔는데, 이 자유화의 물결은 가장 급진적으로 이를 따라 했던 미국의 캘리포니아에서 2001년 겨울, 발전회사들의 담합으로 전력생산을 고의적으로 줄이는 전력대란이 생김으로써 실패로 끝났다. 이후 캐나다, 호주, 뉴질랜드 등 미국을 따라 했던 모든 지역에서 같은 일이 벌어짐에 따라 세계적인 자유화 실패 사례라는 불명예를 남겼다. 자유화 실패에 따라 2004년 6월, 노무현 정부는 한전 노조와의 대타협을 통해 한전의 2단계 분할을 중단했고, 지금까지 한국의 전력산업은 발전은 한전의 자회사로 남은 6개 발전회사와 일부 민간기업이 경쟁하는 체제지만, 송전과 배전은 아직도 한전이 독점하는 세계적으로 찾기 어려운 기형적인 모습으로 남아 있다.

이제 전력산업구조를 다시 재편해야 한다. 여기에는 두 가지의 선택이 있다. 첫째는 정부의 계획대로 완전히 한전을 더 분리해서 모두 민영화해서 자유경쟁체제로 가는 것이고 둘째는 기능별로 한전의 발전자회사들을 일부 또는 전부 한전으로 다시 묶어 유기적이고 합리적인 구조로 재통합하든지를 고민해야 한다.

첫째 대안의 문제는 전력산업 민영화를 포함한 완전 자유화를 추진한다면 전기요금 폭등을 불러올 수도 있다는 점이다. 현재 우리나라 전기요금은 정부의 물가정책과 연계된 상태로 원가를 반영하지 못하고 정책적으로 결정된다. 전력 판매를 독점하고 있는 한전이 산업부 장관의 승인을 받고 조정하는 것이 원칙이지만, 정부 부처 중 가장 큰 힘을 가진 기획재정부의 동의 없이는 전기요금을 올리거나 내릴 수 없는 것이 현실이다. 코로나 팬데믹 기간 세계적으로 공급망 위기가 왔고, 석유와 석탄, 가스 등 화석연료 가격이 급등했다. 그 결과 주요 국가들의 전기요금은 급등한 것에 비하여 비해 우리나라는 물가 안정 차원에서 전기요금을 묶어뒀고, 이는 최종 전기 판매사업자인 한전의 천문학적인 부채로 고스란히 남았다. 만약 우리나라의 전력산업이 정부의 계획대로 부분별 분할 후 민영화됐다면, 민간 전력회사의 전기요금을 지금처럼 묶어둘 수가 없었을 것이며, 전기요금은 다른 나라의 수준으로 폭등했을 것이다. 지금의 요금 결정 정책에 따라 현재는 한전이 막대한 부채를 안고 소비자들의 전기요금을 대신 부담해 주는 기형적인 구조이며, 이런 불안한 전력산업 구조는 장기적으로 버티기 어려워 궁극적으로 전력업계 전체가 한꺼번에 무너지는 파국으로 귀결될 수도 있다. 주로 남미에서 과거에 많이 발생했던 전형적인 포퓰리즘의 모습이다. 따라서 일부 급진적인 사람들은 전력사업을 당초 계획대로 완전 민영화해서 요금 결정을 시장에 맡기자고 주장한다. 그것이 미래의 전력산업을 살리는 길이라는 것이다.

반대로 한전의 자회사로 분리된 발전공기업을 다시 한전으로 재통합, 하나의 한전으로 돌아가자는 주장을 하는 사람들도 있다. 이는 완전경쟁시장의 역할을 하지 못하는 전력시장의 기능을 최소화하고, 에너지 전환과 에너지 안보 확보라는 시대적 과제를 공기업 한전에 맡기자는 것이다. 이는 규모의 경제를 실현하고 계획적인 재생에너지 투자를 국가 차원에서 이룩할 수 있다는 장점이 있다. 하지만 이 방법은 세계적으로 규제를 줄이고 시장 기능을 확대하는 흐름에 반하는 시대 역행적이라는 비판을 받는다. 또한 전력산업을 과거의 독점 체제로 되돌리면 AI 데이터 센터를 비롯한 전력수요 증가가 예상되는 이 시점에, 물가정책에 몰입하는 정부의 판단에 전력산업을 맡기게 된다는 문제점도 생길 수 있다. 급변하는 혁신의 시대에 정부 독점의 산업정책은 무분별한 민영화 못지않게 위험하다. 시장을 제대로 반영하지 못하는 독점은 에너지 가격 왜곡과 함께 전력산업과 연계된 다양한 후방산업의 발전을 가로막는다.

지금까지 이 논쟁은 공기업 한전으로의 재통합과 자유화, 민영화로의 재추진이 대립한 상태이며, 정책 선회가 두려운 정부는 이를 방치한 상태에서 이 문제는 이념논쟁으로까지 이어져 왔다. 두 주장이 각각 장단점이 있기에 섣불리 한쪽의 뜻에 동의하기는 어렵다. 최근 재생에너지 촉진을 위해 분산에너지법이 통과된 상태인데, 이 법은 한전의 소매 부문 개방을 일부 암시한다. 즉, 전력산업의 중앙집중적 운영에 한계가 있기에, 지역별 전력설비의 여건에 따라 차등요금제를 적용하고, 이를 통해 수도권으로 집중된 수요도 분산시키고 수도권 이외 지역의 전력설비 투자도 촉진하자는 것이다.

결론적으로 지금과 같은 한전의 발전사업 참여 불가, 한전 자회사의 발전사업 과점, 그리고 전력소매 부문의 한전 독점은 전체적으로 일관성이 전혀 없는 모습이다. 이는 2001년에 시작됐던 양방향 경쟁 시장이 발전 경쟁까지만 가고 주저앉은 상태로 지속됐기 때문이다. 따라서, 이런 비정상적 구조를 탈피하기 위해서는 과거의 독점 체제로의 회귀보다는 현시점에서 가능한 방향으로 산업구조를 바꿔야 한다. 한전이 화력발전 부문의 상당 부분을 다시 직접 운영하고, 이를 점진적으로 에너지 전환의 방향으로 발전시키는 한편, 배전과 소매 부문은 민간 또는 지역별 공기업 형태의 에너지기업에 개방하는 것이 하나의 선택일 것이다. 한전이 발전산업의 상당 부분을 인수한 후 규모의 경제를 통해 석탄화력발전소 등 화석연료 발전소를 순차적으로 친환경 청정에너지원 발전소로 전환하며, 에너지 소비 부문의 효율성 증진을 함께 추진하는 것이 가능하기 때문이다. 한전이라는 공기업 플랫폼이 든든히 전력산업을 받치는 구조 속에서 경쟁이 가능한 소매 부문에 순차적으로 경쟁체제를 도입하면 다양한 전력 후방산업의 발전에도 도움이 될 것이다.

모든 주장과 논리에는 각각의 이익과 손해가 발생한다. 이를 합리적으로 사회적 합의를 통해 결정해야 한다. 공공성만 앞세우거나 시장의 경쟁만을 내세우는 두 주장에는 이념적인 배경이 깔려 있다. 각각의 주장에는 모두 장단점이 있는데, 한전을 중심으로 하는 공공통합론은 국가 주도 계획경제의 그림자가 보이고, 시장경쟁론에는 자유방임주의의 흔적이 보인다. 우리나라와 같이 에너지가 섬과 같이 외부와 단절된 환경에서는 전력산업을 일반적인 산업처럼 시장에 맡기는 것은 에너지 수급 관점에서 위험하다. 그렇다고 지금과 같은 정부 주도의 구조는 전기요금 결정을 물가정책에 연동시키는 기형적인 결과를 낳고 장기적으로 전력산업을 붕괴시킬 것이다. 전력정책의 결정권을 독점하고 있는 정부는 정책의 결정 과정을 투명하게 국민에게 공개해야 한다. 국민의 대의기관인 국회와 함께 머리를 맞대는 것이 합리적인 대안이 될 것이다.

6) 에너지 관련 법과 제도 정비

우리나라는 1970년대의 석유파동 이후 에너지 정책의 핵심을 안정적 에너지 확보에 맞춤으로써 에너지 안보 확보를 정책의 가장 중요한 목표로 선정했다. 그런데 지금까지 우리나라가 추구해 온 에너지 안보와 관련된 정책은 석유파동의 경험을 토대로 국제 에너지 가격 급변에 대비하는 수급 안정과 이를 통한 에너지 가격 안정에 초점을 두고 있다. 현재 급변하는 세계 정세, 즉 미국의 자국중심주의로의 회귀와 에너지 민족주의의 확대 등을 놓고 보면 기존과 같은 소극적인 방향에서 탈피, 적극적인 대응책을 마련해야 한다.

가장 기본적인 문제점은 우리나라에는 에너지 문제를 총괄하는 부처가 없다는 사실이다. 산업통상자원부가 이름 그대로 에너지와 관련된 문제를 책임지는 것으로 보이지만, 산업통상자원부 내부를 들여다보면 산업과 통상, 에너지 3개의 역할이 모두 합쳐져 있다. 에너지 문제는 제2차관 산하 에너지정책실이 총괄한다. 석유파동을 겪던 1970년대 후반기에 동력, 지하자원, 전기, 연료 및 열관리에 관한 사무를 관장하는 동력자원부[84]가 별도의 부처로 존재했는데, 1993년 3월 6일 상공부와 통합하여 상공자원부로 개편되어 폐지되었고 현재와 같은 구조로 에너지는 산업과 통상보다 낮은 급으로 취급받고 있다. 통합 당시에는 소련이 붕괴하고 미국의 일극 체제가 유지되면서 걸프전 이후 미국의 중동 장악력이 커지면서 국제유가를 비롯한 국제에너지 가격이 상대적으로 안정됐던 시기였다. 반면 2010년대 이후 미국의 국제적 영향력이 줄어들고 자원민족주의가 커지면서 에너지 문제의 중요성이 커지고 있으며, 특히 기후위기와 에너지 전환 등과 같은 새로운 시대적 변화에 부응하기 위해서는 에너지 부처의 독립이 필요하다. 영국의 기후에너지부 사례를 참고로 하는 것도 하나의 방법이다.

에너지 안보와 관련된 법과 제도의 보완도 필요하다. 현재 우리나라에는 국가의 에너지 문제 전체를 총괄하는 에너지법이 있다. 2005년에 제정된 에너지기본법에 이어 2023년부터 시행되고 있는 에너지법은 '환경적으로 건전하고 지속 가능한 발전'을 목표로 삼고 있다. 그리고 에너지법의 하위 법체계로는 개별 에너지원별로 별도의 법률이 있으며, 에너지 공급을 담당하는 공공기관에 관한 특별법도 시행되고 있다.

에너지원별로는 석유, 석탄, 원자력, 전기 등의 개별 법률이 있으며, 안전관리에 관한 법률도 별도로 구성돼 있다. 즉, 에너지 공급, 개발, 사업, 안전, 인프라 보상, 담당하는 에너지 조직, 환경, 기술 등으로 세부적인 법률들이 존재한다. 즉, 각 에너지원과 사업, 그리고 이를 수행하는 기관들을 규정하는 일반법과 특별법이 각기 각자의 역할에만 충실하므로 이들 사이에는 상호 충돌하는 내용도 많이 있다. 그래서 이들을 기능별로 통합해 재구성하자는 주장[85]이 나온다. 특히, 탄소중립기본법과 같이 최근에는 환경과 에너지 전환, 그리고 전력공급망 확충에 관한 새로운 법률들이 제정되거나 제정될 가능성이 커지고 있기에, 국가의 에너지 정책의 방향을 포괄적으로 가리키는 법률 정비가 필요해 보인다.

에너지와 자원의 공급 안정을 위해 2024년에 새로 제정된 '국가자원안보특별법(자원안보법)'은 2025년 2월부터 시행에 들어갔다. 이 법의 입법 목적은 "자원안보에 관한 위기에 대비하고 위기 발생에 효과적으로 대응하기 위하여 자원안보 추진체계와 자원안보위기 조기경보체계, 핵심자원의 공급과 수요의 관리, 위기대응체계 및 긴급대응조치 등에 관한 사항을 규정함으로써 국가의 안전보장과 국민경제의 지속 가능한 발전, 국민의 복리 향상에 이바지함을 목적으로 한다"라고 돼 있다. 그리고 이를 위해 자원안보기본계획을 수립하고 전담기관을 설치한다. 자원안보법이 시행되면 2024년 6월 시행된 '경제안보를 위한 공급망 안정화 지원 기본법(공급망기본법)', 공급망 안정 관련 내용이 기존 법률보다 강화된 '소재·부품·장비산업 경쟁력 강화 및 공급망 안정화를 위한 특별조치법(소부장특별법)'과 함께 '공급망 3법' 체계가 완성됐다.

문제는 이들 3법의 주관 부처가 각기 다르다는 것이다. 자원안보법과 소부장특별법은 산업통상자원부 소관이고 공급망기본법은 기획재정부 소관이다. 지금과 같이 에너지와 자원의 공급망 확보와 안보체계 구축이 필요한 시점에는 이를 통합적으로 관리할 부처가 필요하다. 우리나라의 정부 조직체계와 역학구조를 놓고 볼 때, 이들 공급망 관련 규정들은 총리실 또는 대통령 직속 기구가 총괄해야 한다. 전기요금을 비롯한 에너지 요금 결정 권한이 산업부 장관에게 있지만 실질적으로는 기획재정부와의 협의 없이는 요금 변경이 불가능한 현실을 직시해야 한다.

마지막으로, 에너지 및 환경과 관련된 각종 기본계획의 난립이 초래하는 혼란을 정리하는 제도적 정비를 해야 한다. 탄소중립기본법 제정에 따라 2023년에 탄소중립, 녹색성장 국가전략 및 제1차 국가기본계획이 발표됐는데, 이는 전 지구적 기후위기 극복을 위한 탈탄소 시대로의 전환이 목표이다. 그런데 이 법률과 계획이 기존의 에너지법과 이에 따른 국가에너지기본계획과의 관계 설정이 매우 모호하다. 20년을 계획 기간으로 하고 5년마다 수립하던 에너지 분야 최상위 계획이던 국가에너지기본계획의 가장 최근에 발표된 것이 2019년으로, 2024년에는 제4차 국가에너지기본계획이 발표됐어야 했다. 그런데 탄소중립기본법이 제정되고 이에 따라 탄소중립기본계획이 나옴에 따라 국가에너지기본계획은 어디론가 사라졌다. 이는 에너지 수급에 초점을 둔 에너지기본계획과 탄소중립을 목표로 하는 탄소중립기본계획의 충돌 과정에서 정부는 에너지기본계획을 앞으로는 세우지 않겠다는 결정을 한 것으로 보인다.

문제는 두 계획이 지향하는 목표가 다르다는 것이다. 에너지 수급과 탄소중립은 서로 딴 곳을 쳐다보며 서 있어서는 안 된다. 과거 국가의 에너지 관련 가장 상위 개념이던 에너지기본계획이 수립되고 이에 따라 하위 개념인 전력수급기본계획, 장기천연가스 수급계획 등 에너지 분야별 계획도 세워졌다. 물론 계획별로 수립과 시행 주기가 일정하지 않은 단점이 있었지만, 에너지기본계획과 하위 기본계획 등이 바퀴처럼 물려서 국가의 에너지 정책 방향을 제시했다. 하지만 탄소중립과 에너지 전환의 비중이 국가 에너지 정책에 크게 영향을 주면서 수급을 중시하는 에너지 분야와 친환경이 중요한 탄소중립 진영의 소통이 아직도 부족해 보인다. 환경과 에너지가 한 몸이 돼야 하는 이 시점에 환경과 에너지를 함께 고민하고 정책 방향을 세우는 통합적인 국가기본계획 수립이 필요하다.

7) 사회적 합의로 국가 대전략 수립

　이 글은 에너지 전환과 에너지 안보가 서로 모순되는 것이 아니라는 전제 아래 두 정책 목표가 결합할 수 있는 방향을 제시하고자 했다. 하지만 실제의 정책은 이해당사자의 충돌로 왜곡될 수 있다. 이해당사자가 없다 하더라도 주어진 제한된 자원 속에서 과연 어떤 정책을 어느 정도 강하게 추진해야 하는가는 기예의 영역이라 할 수 있다.

　2017년 출범한 문재인 정부는 2030년까지 전체 에너지 공급량의 20%를 신에너지 및 재생에너지로 충당하겠다는 3020 계획을 발표했다. 또한, 2050년까지 탄소중립을 선언했고 이를 실천하기 위해 2030년에는 2018년 대비 탄소 배출량을 40% 줄이겠다는 약속도 국제사회에 했다. 하지만 문재인 정부의 이런 탄소 배출 감소 약속이 실현 가능할 것인지를 놓고 많은 논란이 지금까지 벌어지고 있다. 물론 문재인 정부 출범 당시 국내적으로 심각하던 미세먼지 문제 때문에도 이런 급진적인 정책 방향을 이렇게 급진적으로 잡은 면도 있다. 동시에 2011년의 일본 후쿠시마 원전 사고 이후 탈원전까지 동시에 추진하게 됨에 따라 탄소중립의 성공 여부에 대해 의문을 가지는 사람들이 늘어났다.

　2022년에 출범한 윤석열 정부는 문재인 정부의 탈원전 정책을 비판하며, 원전 확대를 통해 탈탄소 목표를 달성하겠다고 선언했다. 하지만 원전은 1기 건설에 최소 10년이라는 긴 시간이 걸리고 그 비용 역시 조 단위로 소요되므로, 전임 정부가 약속한 탄소중립 목표를 달성하는 데 원전 확대가 과연 현실적인 대안이 될 수 있을지 의심스럽다. 원전을 둘러싼 가장 큰 현안은 원자로가 가동하고 남기는 찌꺼기, 즉 고준위 방사성물질을 어떻게 처리할 것인가이다. 원전 가동 기간이 30년이 넘는 동안 우리나라는 사용 후 폐기물을 원전 내부의 임시 시설에 저장해 왔다. 그런데 이미 일부 원전에서는 임시 저장소의 용량이 한계점에 도달하고 있는데, 아직 이 폐기물을 영구 저장할 장소를 찾지 못하고 있다. 이 문제 해결을 위한 특별법이 2025년 3월에 겨우 국회를 통과하기는 했다. 문제는 사실 저준위 폐기물 처리장 선정을 놓고도 국가적 혼란을 겪은 우리나라에서 이와 비교할 수 없을 정도의 혐오시설인 고준위 방폐장을 어디에 세워야 하는지 부지선정이라는 문제부터 풀어나가야 한다.

에너지 전환은 탄소중립 달성을 위한 방법이지 이 자체가 목표가 아니다. 탄소중립의 길이 재생에너지에만 있는 것도 아니다. 또, 재생에너지 확대와 원전 확대를 놓고 이념적으로 싸울 일이 전혀 아니다. 그런데 이 문제를 정권에 따라, 이념적 잣대에 따라 논쟁하는 것은 결국 궁극적 지향점인 탄소중립 목표 달성에 전혀 도움이 안 된다. 중요한 것은 신재생이 옳은가, 원전이 옳은가를 놓고 다투는 세력들은 탄소중립이 아닌 자기 진영과 업계의 이익을 위해 사실을 왜곡하는 사람들이다.

사회적 공감을 통해 합리적인 에너지 믹스를 조성해야 한다. 정권의 입맛에 따라 현실에 맞지 않는 맹목적이고 급진적인 재생에너지 전환 정책 밀어붙이기도 성공하지 못하고, 반대로 원전이나 화석에너지로의 시대착오적인 역행도 안 된다. 지혜를 모아 합리적인 방법을 투명하게 찾아야 한다. 원전과 재생에너지, 그리고 수소와 같은 신에너지를 한데 묶어서 탄소 배출을 줄이는 방법을 국민적 합의로 찾아야 한다.

이를 위해서는 제대로 된 에너지 믹스를 위한 사회적 합의 기구를 대통령 또는 국무총리 직속 기관으로 정립시켜야 한다. 현재 존재하는 탄소중립위원회의 관심은 신재생에너지 분야에 치우쳐 있다는 의구심을 지울 수 없다. 실천 불가능한 이론적인 에너지 전환 목표를 세우고 이를 무리하게 추진하는 것은 오히려 에너지 전환과 탈탄소를 달성하지 못하게 방해하는 것과 같다. 탄소중립위원회가 됐든 새로운 기구가 됐든, 진정한 탄소중립을 위한 전담 조직 정립이 필요하다. 결론적으로 우리는 신속한 재생에너지로 전환을 해야 하는 동시에 원전이라는 든든한 에너지원을 적극 활용해야 할 필요가 있다.

여기에서 제시된 일곱 가지 주제는 우리 시대의 에너지 과제인 에너지 전환과 에너지 안보를 해결하기 위해 필수적인 주제이다. 급변하는 정치정세 속에서 주제들을 하나씩 연구하고 사회적 공론화를 진행하여 한국의 미래 에너지 정책을 구축해야 한다.

맺는말

　에너지 패권을 둘러싼 치열한 전쟁이 벌어지고 있다. 그리고 이 경쟁은 새로운 것도 아니다. 에너지는 항상 혁명적으로 진화했고 그에 따라 혁명을 주도한 사회는 패권을 거머쥐었다. 그것이 역사의 진보였다. 기후위기 시대의 에너지 전환은 시대적 사명이다. 이런 상황에서 에너지 빈국인 우리나라는 에너지 안보 보장이라는 국가적 목표를 수행해야 한다. 세계 패권은 시대의 변화에 적응하는 순서에 따라 결정됐다. 지금은 이념과 가치가 사라진 각자의 이익을 위해 경쟁하는 시대이다. 미국의 변화, 특히 트럼프의 재등장은 이런 시대적 정세를 극단적으로 보여준다. 트럼프의 재선 당선은 미국 사회가 무엇을 요구하는 것인가를 보여준다. 유일 초강대국 미국이 추구했던 세계화는 경제적 측면에서만의 세계화가 아니라 미국식 민주주의의 확대였다. 하지만 공통의 적 소련이 사라진 세계에서 미국식 자본주의와 민주주의가 반드시 정답은 아니었다. 사담 후세인을 제거하면 이라크 시민들의 환영을 받을 줄 알았지만, 점령군 미군에게 날아온 것은 저항 세력의 총알과 일반 시민들의 돌멩이였다. 전통적 동맹국들도 미국의 자만심 앞에서 등을 돌렸다.

　미국의 노동자들은 세계화 덕분에 일자리를 잃었다. 트럼프의 부통령으로 당선된 JD 밴스는 세계화로 일자리를 잃은 러스트 벨트를 상징하는 불만 세력이었다. 그의 고향 아이오와는 자동차 산업의 몰락으로 모두가 가난해진 곳이었고, 그는 고향에서 보기 드물게 가난을 뚫고 자수성가한 사람이다. 현실을 비판한 자서전 『힐빌리의 노래』가 영화로까지 만들어지는 성공을 거둠에 따라 정치에 입문까지 하게 된 그는 미국의 주류 백인 하층민들의 분노를 표로 엮었다. 그는 향후 트럼프를 이을 유력한 대통령 후보자로 꼽힌다.

　트럼프는 2016년 선거에서 자유주의 지식인을 대표하는 힐러리 클린턴을 꺾었다. 2024년 대선에서는 소수 인종이고 여성이지만 역시 엘리트 코스를 걸어온 카밀라 해리스를 이겼다. 민주당의 전통적 지지층 노동조합, 소시민, 소수민족들이 모두 이 두 여성에게서 등을 돌렸다. 세계화로 노동 현장이 무너진 미국에서는 노동조합도 내리막길을 걷고 있다. 흰색, IT업계, 월 스트리트의 성공 뒷면에 현장의 일자리는 줄어든다. 이는 반드시 세계화 때문이라고는 말할 수 없고 산업구조의 변화 때문이기도 하다. 하지만 분노한 백인 저소득층은 민주당의 이민자에 대한 관용, LGBT에 대한 포용, 세계화와 이를 뒷받침하기 위한 막대한 군비 지출과 재정적자 등과 같은 자유주의 정신을 정면으로 부정했다. 서민경제를 위해서는 아무것도 하지 않는 바이든보다는 불법 이민자 추방, 전통적 도덕관으로의 복귀, 동맹국들의 방위분담금 확대 등을 요구하는 트럼프를 선택했다. 2020년 대선 후 바이든이 특별검사를 통해 트럼프를 법정에 세운 것도 일반 유권자에게는 정치 탄압으로 보였다.

트럼프의 4년 임기는 그의 독무대가 될 것이다. 연방의회를 장악했고 사법부도 장악할 것이다. 그의 내각은 충성파로 채워졌고 미국 자유주의 정신에서 보면 제정신이 아닌 사람들도 보인다. 그만큼 시대가 변했다. 미국을 다시 위대하게 만들겠다는 트럼프가 과연 그의 약속을 지킬지는 아무도 모른다. 아니, 집권 1기에서도 선거공약을 제대로 안 지켰다. 하지만 그런 그의 부도덕성은 이번 선거의 승리로 모두 씻겨나갔다. 그게 민주주의의 약점이다.

기후위기 자체가 사기라고 우기는 트럼프는 집권 1기 때와 마찬가지로 석유와 천연가스를 마구 퍼 올릴 것이다. 이미 날개를 단 셰일 혁명에 트럼프는 더 큰 엔진을 달아줄 것이다. 미국의 전기요금은 낮아지고 석유 가격도 낮아질 것이며, 이는 인플레이션으로 고통받던 저소득층의 환호를 받을 것이다. 경제는 성장할 것이고 일자리는 늘어날 것이다. 트럼프 집권 1기에 벌어졌던 일들이다.

미국의 대외정책 중심이 중동과 유럽을 떠나 인도-태평양 지역으로 옮기는 현상은 트럼프 이후에도 계속될 것이다. 세계 패권 경쟁의 중심은 태평양에서 인도양 사이에서 벌어진다. 미국은 중국을 견제하기 위해 일본, 호주, 인도와 함께 4개국 협력체인 쿼드를 결성했고, 여기에 우리나라, 뉴질랜드, 그리고 베트남의 동참을 요구하고 있다. 미국이 원하는 형태의 대중국 협력체가 동맹에 준하는 형태로 결성되면 우리나라 역시 여기에 참여하는 문제를 놓고 심각한 고민에 빠지게 된다. 군사, 정치적으로는 미국의 동맹이지만 중국과의 경제적 관계를 결코 소홀히 할 수 없는 우리의 입장 때문이다. 쿼드는 트럼프 집권 1기에 출범했기에 공화당으로의 정권교체 이후에도 오히려 강화될 가능성도 크기에 우리로서는 고민이 된다.

이런 격동의 시기에 우리의 에너지 안보에 대한 고민은 커져만 간다. 우선 미국과의 우호적인 관계 없이는 우리의 안보와 경제성장도 장담하지 못하는 현실 속에서 트럼프 행정부와 보조를 맞춰야 한다. 중동산 석유보다 결코 경쟁력이 떨어지지 않는 미국산 석유와 LNG 수입을 늘리면 중동 의존도를 낮추게 되므로 에너지 안보에 도움이 된다. 중동은 정치, 군사적으로 계속 혼란이 가중될 것이므로 에너지 전환에도 속도를 높여야 한다. 재생에너지 확대는 에너지 안보를 키우는 가장 기본적인 방법이다.

지금까지 세계의 패권 경쟁에서 에너지는 중요한 요인 중 하나였다. 미국이 고립주의로 완전히 회귀할 가능성은 크지 않지만, 트럼프 대통령은 다자간 협의체나 국제협력체를 중요시하지 않고 대신 미국의 확실한 이익이 담보되는 조건으로 상대국과의 일대일 담판을 중시할 것이다. 이는 바이든 대통령이 강조했던 이념과 가치의 기준에서가 아닌 실리와 실익의 기준에서 세계를 상대하겠다는 말이다. 어쩌면 트럼프의 이런 생각이 줄 것은 주고, 받을 것은 확실히 받겠다는 자세로 접근하면 오히려 우리에게도 이익이 될 수도 있어 보인다. 시대착오적인 미국 중심의 인권, 민주주의, 세계화를 내세우며 동맹국들의 동참을 유도한 바이든 행정부보다 우리에게도 유리한 국면으로 상황을 이끌 수도 있다. 사업가 트럼프가 무엇을 원하는지 미리 그의 마음을 읽고 우리의 카드를 준비해야 한다. 사업가는 제로섬 게임을 원하지 않는다. 서로 이익을 나누며 타협하는 것을 좋아한다. 물론 자신의 이익이 조금 더 커야 할 것이다. 트럼프는 그런 사람이다.

나는 이 글에서 이런 격변에 우리가 무엇을 준비할 것인가를 개략적으로 정리했다. 여기에는 에너지 전환의 핵심인 전력산업 문제를 자세히 다루지는 않았다. 가장 중요한 현안인 전기요금과 계통혼잡 해소 문제 등은 주제별로도 한 권의 책이 나올 정도로 복잡하고 중요한 문제인데, 우리 정부나 사회에서는 이를 중요하게 다루지 않고 있다. 모든 산업의 핵심은 적정한 가격을 어떻게 결정하는가에 달려 있는데, 우리의 전기요금 결정구조는 왜곡된 상태이다. 최근 대만과 일본을 비롯한 여러 나라에서 전력회사에 정부의 직접 보조금을 투입했다는 보도가 있었다. 소비자 보호를 위해 널뛰는 국제에너지 가격을 시장에 반영하지 않는 대신 전력회사의 손실을 정부 예산으로 보전하는 것이 일반적이다. 하지만 우리 정부는 이 문제에 매우 조심스럽고 정부 예산 투입을 불허한다. 최근 3년간 한전의 누적적자가 200조 원을 넘은 것이 이를 잘 보여준다. 수도권으로 몰려 있는 전력수요를 맞추기 위해 해안선을 따라 자리 잡은 대형 발전소의 전기는 수도권으로 몰려온다. 농촌 지역에 집중적으로 건설된 태양광 발전소의 전기도 계절과 날씨에 따라 생산량이 일정하지 않다. 전기를 먼 거리에 실어 보내는 송배전선로는 포화상태이고 몸살을 앓고 있다. 이 문제해결의 시작은 합리적인 에너지 가격 결정인데 아직 요원하다. 이 문제들만 나열해도 책 한 권은 넘는다.

결론적으로 격동의 시대이다. 변하지 않으면 지속 가능한 발전은 불가능하다. 트럼프 시대의 국제사회는 요동칠 것이다. 트럼프 개인의 문제가 아니라 세상이 바뀌고 있기 때문이다. 하지만 트럼프 시대에도 그리고 그 이후에도 에너지 전환은 계속된다. 진정한 에너지 안보는 깨끗하고 무한한 천연에너지를 얼마나 활용하는가에 달려 있다. 에너지 전환은 목표가 아니라 탄소 없는 사회로 가는 수단이다. 이것이 바로 에너지 안보다. 이념적 잣대가 아닌 실질적이고 실천 가능한 방법으로 차근차근 우리의 에너지 세상을 바꿔나가야 한다.

참고 자료

김상곤 외, 2020, 『에너지전환과 전력산업 구조개편』, 혁신더하기연구소

김윤정, 임유진, 2023, 『러시아-우크라이나 전쟁 이후 유럽 주요국의 에너지 위기 대응 정책 분석』, 대외경제정책연구원

김연규 외, 2019, 『한국의 에너지 전환』

김재엽, 2012, 『미국의 공해전투(Air-Sea Battle)』, 전략연구, 187-216.

박가현, 2024, 『우리 기업의 공급망 위기 인식과 대응 현황』, 한국무역협회 국제무역통상연구원

박광중, 2012, 『중국의 에너지 안보 정책과 중미 관계』, EAI 중국연구패널보고서 No.1, 국가안보전략연구소

서재진, 2015, 『미국의 중국에 대한 인권정책 연구』, 한국통일정책연구논총, 통일연구원

양의진 외, 2019, 『주요국의 에너지 전환 추진 성과와 과제』, 에너지경제연구원

정진영. 2018. 『세계화와 자유민주주의 위기의 두 얼굴』, 한국정치학회보, 52(4), 81-102.

정철, 2008, 『한국의 에너지산업 관련 주요 법규 및 최근의 동향』, 국제거래법연구 한국저널

조형진, 송승석. 2022, 『러시아의 우크라이나 침공과 중국: 국제질서의 변동과 중러관계』, 국제지역학회, 26(4), 87-106, 10.21212/IASR.26.4.5

Fereidoon P. Sioshansi, 2018, 김선교 외 번역, 『에너지 전환 전력산업의 미래』

Ivan Scrase, 2009, 이경훈 번역, 『에너지의 미래』

Rester R. Brown, 2015, 『The Great Transition』, Earth Policy Institute

미 주

1) 에너지 경제 정보, 에너지경제연구원 홈페이지
2) 교류가 아닌 고압의 직류를 이용, 장거리 송전을 하는 방식으로 교류에 비해 전기 손실이 적음.
3) "Coal 2020, Report Extract", International Energy Agency, www.iea.org
4) "China's Reliance on Coal reduces Life Expectancy by 5.5 Years.", The Guardian, 2013년 1월 9일
5) "China releases 2020 Action Plan for Air Pollution." China Dialogue, 20218년 7월 6일
6) "2019 US Coal Production falls to its lowest since 1978. : Today in Energy", US Energy Information Administration, 2020년 7월 28일
7) 미국 전체에는 약 911기의 석탄화력발전소가 있는데 평균 가동 연수는 40년을 넘고 있다. 이 중 298기는 50년이 넘는 매우 낡은 발전소들이다.
8) 1976년에 발효된 The Resources Conservation and Recovery Act(RCRA)에 따라 환경보호국(EPA)이 주정부 및 지방자치단체의 환경관련 사항을 직접 감독하게 됐고 EPA는 2015년 Coal Ash Residual(CCR) 규정을 강화함에 따라 석탄화력발전소에서 나오는 Coal Ash 처리 기준이 강화됨.
9) "석유산업과 경제성장", 석유이야기, 대한석유협회 홈페이지
10) ESG경제(https://www.esgeconomy.com)
11) 한국과학기술정보연구원 발표 자료
12) 0.005mm 이하의 점토로 구성된 암석이며 층리(層理)가 잘 발달됐다. 미세한 입자들이 층층이 쌓여 굳어진 암석이기 때문에 가벼운 충격에도 얇은 가루로 부스러지는 특징이 있다.
13) 고압의 '프래킹 액체(물과 모래 등)'를 드릴 구멍에 집어넣어 심층에 매장된 광물들을 파쇄하여 천연가스, 석유, 소금 등이 잘 흐르게 만들어서 채굴하는 공법.
14) 일종의 이슬람 근본주의
15) "한국의 전기역사", 전기박물관, 한국전력공사 홈페이지, www.kepco.co.kr
16) 압력을 가한 물을 냉각재와 중성자 감속재로 쓰는 원자로. 전 세계에서 가장 보편화된 원자로. 우리나라에서는 중수를 냉각재와 감속재로 사용하는 월성원자력발전소를 제외한 모든 발전소가 가압경수로형 발전소임.

17) 그린 택소노미(Green Taxonomy)는 녹색산업 분류체계라는 의미로, 친환경 그린에너지에 대한 분류체계를 의미한다. 그린 택소노미의 목적은 환경적으로 지속 가능한 경제 활동의 범위를 정하는 것이다. 그린 택소노미는 유럽연합(EU)이 2020년 6월 처음 발표했다.
18) "Steep decline in Nuclear Power would threaten Energy Security and Climate Goals." IEA News, www.iea.org, 2019년 5월 28일
19) "Nuclear Waste Storage Sites in the US.", Congressional Research Service, 2020년 4월 13일
20) 금속판에 일정한 진동수 이상의 빛을 비추면 표면에서 전자가 튀어나오는 현상
21) 태양광 셀이라고 불리는 태양광전지를 이용하는 전력 생산, 즉 PV(Photovoltaics)는 원래 우주개발을 위한 인공위성에 설치된 장치로 태양으로부터 에너지를 받아들여서 에너지로 변환시키는 장치였다.
22) "신재생에너지 소개, 태양광", 한국에너지공단 신재생에너지센터, www.knrec.or.kr
23) "Solar Power by Country", Wikipedia
24) p75, Lester Brown, The Great Transition
25) p231, 「신재생에너지 3020 달성을 위한 정책인센티브 도입 및 전력시장 대응방안 연구」, 한국전력거래소, 2019
26) "국내 태양광 발전비용, 4년 새 17.3% 하락", 전자신문, 2020년 6월 9일
27) "Electricity Mix in China, 2020", International Energy Association, www.iea.org
28) "풍력발전기에 검정색 페인트를 칠하면 철새 사망률 70% 줄인다.", www.impacton.net, 2020년 9월 11일
29) World Hydropower Outlook 2023, International Hydropower Association
30) p115, Lester Brown, The Great Transition
31) "중국, 댐으로 메콩강 인접국 장악 나서.", 파이낸셜뉴스, 2020년 6월 22일
32) "Iceland Overview-Energy Market & Geothermal Energy", IRENA, www.irena.org
33) "Top 10 Geothermal Countries 2020-installed Power Generation Capacity." www.thinkgeoenergy.com
34) 지열이 없는 지역에 인공적인 반응을 일으켜 지열에너지를 생산하는 최신 기술.
35) 반도체를 이용해 태양광을 전기로 변환시키는 광전(光電) 설비
36) 현재 이름은 BP plc. 영국 최대의 기업이며, 미국 엑슨-모빌에 이어 세계 2위의 석유 회사인 동시에 세계 3위 다국적 에너지기업. 과거 이름은 British Petroleum.
37) 제1차 세계대전 승전국들이 차지한 중동 유전 중 튀르키예 · 사우디아라비아 · 이라크 등을 포함하는 오스만 제국 영토에 '붉은 선(레드라인)'을 그어 서로 무분별한 경쟁을 막자고 합의한 협정.
38) 이집트 주재 영국 고등 판무관 헨리 맥마흔이 파이잘의 아버지였떤 아랍의 정치 지도자 후세인 빈 알리에게 제1차 세계대전 중인 1915년 1월부터 1916년 3월까지 10차례에 걸쳐서 전달한 것으로, 아랍인들에게 팔레스타인 지역에 아랍 민족국가 건국을 약속한 내용.
39) 1983년 3월 24일 미국 백악관에서 로널드 레이건 미국 대통령이 TV 연설로 SDI를 발표하면서 대중에 알려졌으며, 언론은 이를 Star Wars(별들의 전쟁)라고 불렀다.
40) 미국의 SDI에 대항해 대형 인공위성을 발사해 미국의 우주왕복선, 인공위성, 우주 정거장을 우주에서 격파하기 위해 소련이 계획한 전략.

41)	존 미어샤이머, "국가는 어떻게 생각하는가", p207.
42)	US Energy Administration Information, eia, 2024
43)	"마침내 끝난 이라크전, 미군은 무엇을 남겼나", 한겨레21, 2010. 8. 26.
44)	2013년 11월 21일에 우크라이나에서 벌어진 혁명으로, 친러시아 빅토르 야누코비치 대통령을 축출함. 이후 2014년 크림 위기, 돈바스 전쟁, 그리고 2022년 러시아의 우크라이나 침공으로 이어지는 사건이기도 하다.
45)	"우크라이나-러시아 전쟁과 유럽의 에너지 안보", KDB 미래전략연구소 산업기술리서치센터
46)	"에너지 위기 때 伊 전기료 702% 올렸다는데…한전 21% '찔끔'", 2024년 5월17일, 뉴시스
47)	미국과 유럽연합 27개 회원국, 캐나다, 일본, 한국, 스위스, 호주였지만, 훨씬 더 많은 나라가 대러 경제 제재에 참여하지 않았다. "경제 제재 비웃는 러시아 서방 피해서 중국·인도로" 이코노미 인사이트, 2024년 3월 1일
48)	"ICC, 네타냐후 체포영장 발부", 경향신문, 2024년 11월 22일
49)	"북미 LNG수출용량, 2027년까지 두 배 이상 증가 예상", 가스신문, 2023년 11월 21일
50)	"트럼프 행정부의 대외정책 분석 : 미국 여론과의 관계를 중심으로", 강인선, INSS 연구보고서 2019-4, 국가안보전략연구원, 2019
51)	"This energy dominance means more affordable utilities and gas prices for families, more jobs for American workers, and less reliance on unstable foreign energy sources.", 백악관 홈페이지 발췌.
52)	"트럼프 기소했던 특검, 자진 사임하기로", 연합뉴스 2024년 11월 13일
53)	Floating Vote(r), Swing Vote로 우리말로 부동표. 상황에 따라 표심이 고정되지 않고 왔다 갔다 하는 유권자들. 미국에서는 플로리다, 뉴멕시코, 뉴저지, 오리건, 뉴햄프셔, 오하이오, 아이오와, 웨스트버지니아 등의 지역이 대표적임.
54)	2024 KEA 에너지 편람, 한국에너지공단
55)	Ton of Energy Equivalent, 국제에너지기구(IEA)가 석탄, 석유 등의 에너지의 발열량을 표시하는 표준 단위. 원유 1톤의 발열량 1,000만Kcal를 1TOE로 정의함.
56)	최초의 한미원자력협정은 비군사적 원자력 사용을 내용으로 1956년에 한미 양국이 체결했고, 그 결과로 한국의 과학자들이 미국에서 원자력 교육을 받고 시험용 원자로를 미국에 제공했음. 이 협정은 1974년과 2015년에 개정됐음.
57)	국가온실감축목표(NDC)로 기후위기 극복을 위해 각국이 설정하는 온실가스 감축 목표. 문재인 대통령은 2030년까지 2018년 대비 온실가스 배출량을 40% 줄이겠다는 약속을 2021년 11월 열린 제26차 유엔 기후당사자회의(COP26)에서 발표함.
58)	무탄소 및 재생에너지 보급 확대 및 탄소포집기술 개발 등으로 배출하는 온실가스의 양을 0으로 수렴시키겠다는 구상.
59)	기후변화 부정론, 위키백과
60)	세계 에너지시장 인사이트 제24-12호, 에너지경제연구원 2024년 6월 17일
61)	세계 에너지 및 기후 통계-2024년 연감, Enerdata
62)	신에너지로 구분하는 연료전지, 수소, 석탄액화 등이 있고, 재생에너지는 태양, 풍력, 수력, 해양, 지열, 바이오, 폐기물 등이 있음.

63) 하지만, 2000년대에 들어 발전회사들 사이의 고의적인 발전량 감소를 내용으로 하는 담합 등으로 영국식 모델은 캘리포니아 전력사태 등 여러 곳에서 대형 재앙으로 실패함.
64) '전력산업구조개편 촉진에 관한 법률', 법률 제6282호, 2000. 12. 23. 제정]
65) "글로벌 공급망 재편이 가져올 변화", 삼일PwC경영연구원, 2023년 5월
66) 중국의 주권이 미치는 지역 안에서 두 가지 정치체제가 조건부로 공존하는 정치 제도로 홍콩과 마카오에 적용됨. 중국 정부는 대만에 대해서도 이 원칙에 따라 독립국으로 인정하지 않고 중국 내부의 정치체제만 다른 지역으로 인정하고 있음.
67) "바이든, 미국은 중국의 공격에서 대만을 방어할 것", BBC Korea, 2022년 9월 19일
68) Energy security is the association between national security and the availability of natural resources for energy consumption. Wikipedia
69) 2022년 세계 에너지 트라일레마 순위, WEC 한국위원회 홈페이지
70) "유럽연합(EU)의 에너지 안보", EU 깊이 있게 알기, 외교통상부 홈페이지
71) 중국의 2023년 에너지 정책 추진 방향과 수급 전망, 세계 에너지시장 인사이트 제23-1호 에너지경제연구원, 2023. 1. 16.
72) 우크라이나-러시아 전쟁과 유럽의 에너지 안보, KDB미래전략연구소 산업기술리서치센터
73) "Major US labour union declines to endorse either Harris or Trump", BBC, 2024년 9월 19일
74) CHIPS Act, 2022년 바이든 행정부가 제정한 법률로, 미국 내에 반도체 제조 장비와 시설 투자 시 보조금과 세액공제를 지원하는 지원을 하는 내용임. 반도체 제조 산업을 미국으로 돌리고 공급망을 강화하려는 목적으로 만들어짐.
75) 트럼프 "너무 나쁜 거래" 칩스법 흔든다…TSMC도 삼성도 초긴장, 중앙일보 2024년 10월 29일
76) 회담 결렬 이유에 대해서는 여러 분석이 있으나, 미국 민주당의 트럼프 탄핵 위협과 마이클 오웬의 의회 청문회 증언 등이 같은 날짜에 워싱턴에서 벌어지고 있어 트럼프가 북한과의 협상에 집중하지 못했다는 설이 유력함. 물론 북한이 영변 핵시설 포기만으로 미국과의 협상에 나섰고, 미국이 이에 만족하지 못했다는 설도 있으나, 정상회담은 세부적 내용은 사전 합의를 전제로 벌어지므로 이를 인정하기에는 무리가 있음.
77) KIEP 중동 세미나, 중동산 원유의존도 심화와 시시점, 대외정책연구원, 2023년 11월 30일
78) "백운규 장관, 손정의 소프트뱅크 회장과 '동북아 슈퍼그리드' 논의", 한겨레신문, 2018년 5월 8일
79) "한일해저터널, 세계 경제에 파급력 상당할 것" [신통일한국 싱크탱크 2022 포럼], 세계일보, 2021년 11월 21일
80) "文대통령·손정의 '5년 전 약속' 시동 걸리나", 매일경제신문, 2017년 8월 11일
81) Rare-earth element, 원자번호 57번 란타넘(La)부터 71번 루테튬(Lu)까지의 란타넘족과 21번 스칸듐(Sc), 39번 이트륨(Y)까지의 17종류 원소의 총칭으로, 반도체 등 주요 정밀 전자제품의 원료로 사용되고 있음.
82) "신안 비금도 햇빛연금 지급…군민 44%에 연금", SBS 뉴스, 2024년 12월 26일
83) "햇빛·바람으로 주민 연금 주는 신안군… 누적 100억 돌파", 조선일보 2023년 12월 7일
84) 1977년 12월에 발족했는데 1993년 3월에 상공부에 흡수통합 됐음.
85) "에너지법제의 현황과 전망", 전기저널, 2024년 9월 9일